Peter Stolt

Matthäus und

seine Jesusgeschichten

Matthäus und seine Jesusgeschichten

Ausgewählte Abschnitte aus dem Evangelium

Peter Stolt

Steinmann

Besuchen Sie uns im Internet:
www.steinmannverlag.de

Erste Auflage

ISBN 978-3-927043-64-0
Covergestaltung: Elsa von Rahden, Fischerhude
Titelabbildung: „Die Inspiration des Evangelisten Matthäus
durch den Engel“ von Rembrandt Harmenszoon van Rijn
Herstellung: Books on Demand GmbH, Norderstedt

Für die, die zur Bibel greifen
und zwischen Sich-Wundern, Bezweifeln und Begreifen
Erkenntnis gewinnen, ihre Religion bejahen
und bemerken, wie ihnen göttlicher Geist weiterhilft

Vorwort

Bücher über Matthäus gibt es einige. Meist sind es Textauslegungen oder spezielle Abhandlungen, die den sogenannten Laien schwerlich nützen. Sie müssen eben mit dem vorliebnehmen, was von der Prediger und Predigerinnen Tisch fällt. Und ich frage mich, ob dies nicht auch die „religiös-kulturelle Ignoranz“ bestärkt, von der – mit Vorwurf an die Kirchen – die Zeitungen schreiben.

Ich liege wohl nicht falsch mit der Annahme, dass nur Wenige Genaueres über eins der Evangelien wissen. Über einen der Evangelisten selbst Kenntnisse zu haben, hat Seltenheitswert. Mir geht es besser. Ich habe – neben anderer einschlägiger Literatur – mit Gewinn und Anregung vier dicke Bände über das Matthäusevangelium durchstudiert. Dem Neutestamentler Ulrich Luz und einem gemeindlichen Bibelseminar bin ich für die vorliegende Arbeit ausdrücklich Dank schuldig.

Am Ende der Gespräche kam mir die Idee: Nimm das Evangelium und erzähle einfach von diesem Buch. Wähle einzelne Abschnitte aus (nicht zu viele!) und lass dabei Matthäus selbst in Erscheinung treten. Nutze die Wissenschaft, aber belaste deine Leserinnen und Leser möglichst wenig mit Zitierungen. Versuche, ohne Anmerkungen auszukommen. Erklärungen werden nötig sein, sieh dabei das, was Fragen erweckt, als das Interessante an. Fasse dich kurz, dann können andere mitreden. Tue so, als säßen deine Bekannten um dich herum.

Das sei jetzt versucht. Ich liebe die Bibel mit ihrer Weisheit und religiösen Kraft. Aber aus der Nähe betrachtet, fordert es richtig Arbeit, einen alten Evangelisten zu verstehen. Matthäus zu lesen, wurde zu einem oft heftigen Dialog. Ich hatte ihm Fragen zu stellen, und er scheint mir mit Kirche und Frömmigkeit von heute nicht ganz zufrieden zu sein.

Ich habe die Lutherbibel (in der revidierten Fassung von 1984) benutzt, an einigen angegebenen Stellen folgt die Übersetzung Ulrich Luz. Vergleiche mit der Zürcher Bibel, der „Guten Nachricht" oder anderen Übertragungen sind sicher aufschlussreich. Im vorliegenden Text sind Bibelzitate durch *kursiven* Druck erkennbar.

So kam ein Büchlein dieser Art zustande. Hoffentlich finden Sie es brauchbar. Leserinnen und Lesern, deren Interesse geweckt ist, sei von U. Luz, Die Jesusgeschichte des Matthäus, 1993, zur Vertiefung empfohlen.

Hamburg, im Sommer 2015 *Peter Stolt*

Die ausgewählten Abschnitte

Einleitung

Gestatten Sie – ich möchte Ihnen einen Herrn vorstellen. Wie er heißt? Genau kann ich Ihnen den Namen nicht sagen, der Herr wurde hebräisch Matitjahu, griechisch Matthaios genannt (auf Deutsch „Geschenk JHWHs“). Sein Alter ist auch unbekannt. Ich kenne ihn nur aus seinem Buch, dem „Evangelium nach Matthäus“ (was Sie zu Beginn des neutestamentlichen Teils der Bibel finden können). Der Zöllner, den Jesus in Kapernaum berief, kann er nicht gewesen sein. Übrigens haben Sie vielleicht schon von ihm gehört – durch die „Matthäus-Passion“ von Johann Sebastian Bach. Ach ja, da nicken Sie. Aber Sie müssen zugeben, dort gewinnt die Musik gegen den Text. Der Herr könnte Ihnen auch schon begegnet sein, falls Sie in Gottesdienste gehen – wenn, gelesen oder gepredigt, ein Stück aus seinem Evangelium Ihr Ohr erreicht. Ich hab' nachgezählt: Sechzig Abschnitte sind dafür über sechs Jahre für Sonn- und Gedenktage vorgesehen.

Doch aus den kleinen Scheibchen kann eigentlich kein hinreichendes Bild entstehen. Den ganzen Matthäus – ich übernehme den Name jetzt einfach – möchte ich besser bekannt gemacht sehen. Gerade mit ihm habe ich mich angefreundet. Die Begegnung war wirklich aufschlussreich. Die harte Schale alter Geschichten aufknacken. Entdecken, wie das Neue Testament aus dem Judentum herauswuchs und zur Basis des Christentums wurde. Weisheit der Alten zur Selbsterkenntnis nutzen. Unserem Gottesproblem näher rücken. Kommen Sie doch mit!

1. Eine junge Bewegung – eine neue Religion

Nehmen Sie sich bitte ein wenig Zeit, ich muss etwas ausholen, und ich hoffe, ein bisschen Historie erschreckt Sie nicht. Folgen Sie mir ins erste Jahrhundert nach Christus. Wir müssen uns nach Palästina begeben, später sogar nach Syrien. Sie werden sich vielleicht erinnern: Jesus aus Nazareth, ein frommer Jude und ein Wanderprediger, war gekreuzigt worden, wohl dreißigjährig im Jahre 30 n. Chr. Was er sagte, wie er sich verhielt, hatte Aufsehen erregt. Er sprach volkstümlich, was für die ungebildete Bevölkerung gerade recht war – abgesehen von der Oberschicht waren die meisten Analphabeten. Er lehrte leben, und zu heilen vermochte er auch.

Mit der ihm eigenen Art legte Jesus die Hebräische Bibel aus, er redete eindeutig und provozierend vom Reich Gottes, das vor der Tür steht, gab Hoffnung auf einen Umschwung der Verhältnisse. Aber keiner sollte deswegen dasitzen mit den Händen im Schoß. Verändert euer Leben, hieß es. Über Gerechtigkeit und Liebe sollte nicht nur gepredigt, es sollte getan werden (Matthäus hasste leere Worte). Den Armen, den Weggedrängten, den Frauen gehörte seine besondere Zuneigung.

Der Prediger muss mit einer außerordentlichen Ausstrahlung durchs Land gezogen sein. Sicher sah er nicht so aus, wie ihn die frommen Bilder malten. Sein Gesicht muss etwas Kantiges gehabt haben, er konnte zornig werden und sich mit Schärfe äußern. Wo er hinkam, versammelten sich die Leute. Er begeisterte die einen, irritierte aber andere. Manche wurden Jünger (was „Schüler“ meint), Jüngerinnen auch, andere: Gegner. Gerade dreißig Jahre alt, wurde er hingerichtet – aus religiösen und politischen Gründen.

Aus der Zahl seiner Anhänger hatten sich Gruppen gebildet. Sein Geist gab ihnen ein neues Selbstverständnis. Ihre Vereinigung nannte sich „Kirche“, griechisch *ekklesia*, was meint „die Herausgerufenen“. Sie sehen: Diese Reich-Gottes-Bewegung hatte ein auffälliges Sendungsbewusstsein. Soziologisch gesehen, war sie damals eine Sekte. Viele Mitbürger hielten sie für Ketzer.

Schon unmittelbar nach seinem Ende zeigte sich etwas ganz Erstaunliches: Der Gekreuzigte blieb lebendig – in einer Wirklichkeit anderer Art. Er war „auferweckt“ worden, das war das Wort für göttliches Handeln, das die Zeit- und Raumgrenze überschreitet und den Tod besiegt. Die Jesus-Jünger sahen sich von ihm beauftragt, seine Worte blieben verpflichtend. Sie waren davon überzeugt, dass er der erwartete *Messias* sei, der „Gesalbte“, griechisch hieß das *christos*. An *Jesus Christus*, wie er jetzt genannt wurde, glaubten sie. Seine Worte nahmen sie als Leitlinie ihres Handelns.

Binnen kurzem gab es in dem uralten Judentum Christus-Anhänger. Als Minderheit hatten sie für ihre Überzeugung zu kämpfen. Sie müssen sich die junge Bewegung insgesamt noch wenig organisiert vorstellen. Gruppen hier und da zwischen Ägypten und der Türkei, vielleicht auch schon in Indien. Aber der neue Glaube und der Gottesdienst verbanden die Gemeinden.

2. Wie kam es zum Aufschreiben von Jesusgeschichten?

Vieles wurde über den Mann aus Nazareth erzählt. Was ihr Meister gesagt hatte, vergaß man nicht. Es blieb in der Erinnerung wirksam; die Menschen waren in ihrer mündlichen Überlieferung ziemlich genau. Einzelne Gemeinden pflegten spezielle Überlieferungen, die in ihrer Gegend kursierten. Manchmal zeigte sich der Eifer recht phantasiereich.

In den Gottesdiensten wurden Sätze und Geschichten von ihm jeden Sonntag wiederholt. Einzelne der Geschichten über ihn, besonders die von Jesu Leidensweg, wurden immer wieder bekräftigt. *Tut dies zu meinem Gedächtnis*, so hatten ihn die ersten Jünger verstanden. Natürlich trat nicht ein Lektor ans Lesepult, Bücher waren selten. Es verwundert nicht, dass bald

Sammlungen von seinen Worten und Geschichten auftauchten. Für die Zukunft wesentlich war: Neben den historischen Jesus traten die Erzählungen vom Christus des Glaubens. Von Jesu Wirksamkeit wurde aus unterschiedlich theologischer Motivation weitererzählt.

Die älteste Schrift mit der Jesusgeschichte, auch die kürzeste, kam von einem Markus, wahrscheinlich ein Begleiter des missionierenden Petrus, dem er dolmetschte. Um 70 n. Chr. könnte sie in Rom entstanden sein. Sie war für „Heidenchristen" gedacht; der neue Glaube hatte sich in der römischen Welt verbreitet. Was er herausgab, bezeichnete er als „Evangelium" – ein bisher nur für die Jesuspredigt gebrauchtes Wort. „Freudenbotschaft" hieß das, weit mehr als ein werbewirksamer Ausdruck. Es muss Begeisterung dahinter gestanden haben, wie wir sie aus den Gemeinden der evangelischen Reformation und den Erweckungsbewegungen kennen – Fühlen und Verstehen der Befreiung. Bei Markus umfasste „Evangelium" seine Sammlung von Geschichten und Worten Jesu – kein Roman, sondern die erzählte Antwort auf die Frage: Wer ist dieser Jesus?

Gleich an drei anderen Stellen wurde das Evangelium publiziert. Zwei Autoren, Matthäus und Lukas, nahmen die Markus-Schrift als Hauptquelle ihrer Schrift. Lukas, ein griechischer Arzt, der enge Verbindung mit dem Missionar Paulus gehabt haben muss, dachte historisch und wollte mit seiner Jesusgeschichte die göttliche Heilsgeschichte herausarbeiten. In seinen Bericht bezog er zwanzig Jahre der weitergegangenen Kirchen-Geschichte ein. Von ihm liegen deswegen zwei Bücher vor: ein Evangelium und die Apostelgeschichte. Lukas wie auch Matthäus nutzten außerdem die „Redequelle", eine Sammlung nur von Aussprüchen Jesu. Was Matthäus in 28 Kapiteln herausgab, kann man als erweiterte, auch korrigierende Neufassung des Markus-Textes bezeichnen. Sie war anfangs für eine Gruppe bestimmt, die weiter zur jüdischen Tradition stand – die Judenchristen.

Anders Johannes, ein spiritueller Theologe (ob er einer der zwölf Apostel war, ist nicht beweisbar). Die Schrift für seine Gemeinde beruhte oft auf eigenen Kenntnissen, und sie hat einen mehr meditativen Charakter.

Die vier Bücher nannte man „die Evangelien“, und die Verfasser hießen später die Evangelisten. Die Schrift von Matthäus wurde an die Spitze der Vier gerückt. In der Kunst wurden ihnen nach Offenbarung 4,6-8 Gestalten zugeordnet: zu Matthäus eine Menschengestalt, zu Markus der Löwe, zu Lukas der Stier, zu Johannes der Adler.

Es mag Ihnen schwer verständlich sein: In den vier Evangelien herrscht keine Einstimmigkeit. Selbst parallele Texte gleichen sich nicht passgenau. Deswegen eine „Evangelienharmonie“ zu schaffen (wie sie unter anderem damals entstand), wäre gekünstelt. Von „legitimer Mehrdeutigkeit“ sollte geredet werden.

Nicht zu vergessen: Sehr einflussreich für die Verbreitung des neuen Glaubens war Saul, griechisch Paulos, aus dem griechischen Tarsus, ein gebildeter, gesetzestreuer Jude. Nach einem erschütternden Erlebnis wurde er vom Christenverfolger zum Christen. Um 50, also in übersehbarer Zeit nach Jesu Tod, war er als Missionar im östlichen Mittelmeerraum unterwegs – in Philippi in Mazedonien wurde díe erste Christengemeinde in Europa von ihm gegründet. Und die zahlreichen Briefe, durch die er im Kontakt zu den jungen Gemeinden stand, machten ihn zum Vordenker des entstehenden Christentums.

Zu bemerken ist, dass zwischen der Paulus- und Matthäustheologie eine Spannung besteht. Paulus agierte als schärfster Gegner eines „Judaismus“ in christlichen Fragen. Strikt vertrat er eine Theologie der Gnade: Rechtfertigung des Sünders aus Glauben. Für Matthäus dagegen gab es keinen Bruch zwischen dem alten und neuen Gottesbund. Er vertrat eine Theologie des Gehorsams: Glauben und Tun. Die beiden Männer hatten ihre Christuserfahrung grundverschieden verarbeitet.

Soviel zum Ergebnis nach knappen siebzig Jahren: Neben dem jüdischen Bibelbuch (dem Tanach) waren Stücke erschienen, die zu einem neuen heiligen Buch zusammenwuchsen. Das begann mit der Hebräischen Bibel, von den Christen nun das „Alte Testament“ (der Alte Bund) genannt. Sie legten es im Lichte ihres Glaubens aus. In großen Schritten sahen sie die alten Schriften – von der Weltschöpfung über die wechselvolle, lange Geschichte Israels bis hin zu Kritik und Verheißung der Propheten und den Gebetsliedern der Psalmen – auf das „Neue Testament“ hin laufen. Dieser Weg zu unserer Bibel ist nicht hoch genug einzuschätzen.

Ich staune immer wieder über die uralte Weisheit im alten Buch und bewundere die Reifung der Religion. Die Christen waren sich bewusst, dass die Geschichte, die von Gott geführt war, sich mit ihnen fortsetzte. Das macht die Verbindung zwischen Judentum und Christentum so eng. Die vier „Evangelien“ sah dann schon der Kirchenvater Irenäus (Bischof von Lyon, † 202) in einem „Kanon“, der Richtschnur, zusammengefasst. Dieser Kanon, der als geistgewirkt galt, wurde in den Großkirchen verbindlich anerkannt – was andere, heute beachtete evangelienähnliche Jesusgeschichten ausgrenzte.

Etwas Grundsätzliches soll noch gesagt sein: Ihnen wird bei Matthäus ein Weltbild begegnen, dessen Personal, Probleme und Argumente zum jüdischen Lebenszusammenhang gehören. Das bedeutet für Sie, mit Zeitgebundenheit umzugehen. Sie stehen vor dem „garstigen Graben“ der Geschichte (so Lessing) und müssen versuchen, eine Brücke darüber zu finden. Wie schon seit den Anfängen muss ständig übersetzt werden, sprachlich und sachlich. Dann erst beginnt ein Text für die jeweilige Gegenwart zu sprechen. Wie der Einzelne ihn hört, ist angesichts der Verschiedenheiten der Glaubensvorstellung, die den Protestantismus heute bestimmt, ein eigenes Thema.

3. Ein Buch und sein Autor

Nun zu Herrn Matthäus, einem Juden und Schriftgelehrten. In der Hebräischen Bibel wusste er gut Bescheid. In dem Buch, das er verfasste, ging es um die Erfüllung von Gottesverheißung und Menschenhoffnung.

Es wurde in der Zeit einer Krise herausgegeben. Jerusalem, die heilige Stadt, wurde im Jahre 70 n. Chr. von der römischen Besatzung zerstört. Die Bevölkerung musste sehen, wo sie bleiben konnte. Eine dieser jüngst entstandenen Gruppen von christlich gewordenen Juden emigrierte nach Norden, nach Syrien. Vielleicht siedelte sie sich in Antiochia an, einer großen Stadt ganz im Süden der heutigen Türkei (über den Vorgang gibt es verschiedene Meinungen). Und hier taucht Matthäus auf. Er war wohl Leiter und auch Lehrer solch einer Gruppe. Ihm machten Unsicherheit in der Gemeinde und Divergenzen der Zeit zu schaffen. Das führte ihn dazu, für seine Gemeinde die Jesusgeschichte niederzuschreiben. Zwischen 80 und 90 sorgte er für eine örtliche Ausgabe. Er überlieferte die Tradition, redigierte den Text und wurde dabei zum ersten Interpreten der Erzählungen. (Schon bei den Autoren im Alten Testament war diese literarische/theologische Praxis üblich.) Seiner

Theologie entsprechend setzte er die Akzente anders. Und: In die Jesusgeschichte wurde die damals aktuelle Gemeindegeschichte eingeschlossen. Die Gemeinde formulierte, des Geistes Jesu bewusst, Sprüche und Geschichten, denn Jesus wurde nicht als Vergangener, sondern als immer Gegenwärtiger erfahren. Die Art der matthäischen Arbeit wird besonders im Vergleich mit dem Markusevangelium erkennbar: wie sie die Quellen verarbeitete, die Texte neu anlegte, und all das mit literarischer Kunst.

Sie können also die Bibel auf verschiedene Weise lesen. Für gewöhnlich werden Sie sich an den Text Ihrer Bibel halten, und Ihre Gedanken verwandeln ihn zu dem Bibelwort, das Sie persönlich angeht. Eine andere Möglichkeit wäre, an der Überlieferungsgeschichte des biblischen Abschnitts teilzunehmen und dabei zu erleben, wie der Text des Evangeliums zusammenwuchs: von den Worten Jesu über das Verständnis der Urgemeinde bis hin zur Arbeit der Evangelisten.

Als Jude stand Matthäus zur Tradition seiner Väter. Die Gemeinde-Mitglieder waren ihrem Judentum verbunden, auch wenn sie jetzt Jesus folgten. An sie hatte er, als er schrieb, zuerst zu denken. Das erlaubt uns, ins Judenchristentum zu blicken. Seine Gemeinde verstand die prophetischen Verheißungen in der Hebräischen Bibel als durch Jesus erfüllt. Jesus überbot geradezu das Alte (die sechs Antithesen in der Bergpredigt zeigen das in aller Schärfe, lesen Sie Kap. 5,21-48). Er wurde – ganz judenchristlich – als der größere Mose geschildert. Doch es muss sich bei Matthäus ein Lernprozess vollzogen haben. War es Jesu Wirken, das ihm erlaubte, seine Gemeinde hin zu den „Heiden" zu öffnen?

Jetzt im Ausland lebte man in einem Völker- und Religionsgemisch. Also schrieb Matthäus nicht hebräisch, sondern griechisch, was die Alltagssprache seiner Umgebung war. Damit aber nicht genug. Nichtjuden interessierten sich für die Inhalte des neuen Glaubens und kamen zur Gemeinde. Sollten sie die Regeln des Judentums übernehmen? Solche Fragen den judenchristlichen Gemeindegliedern zu erklären, war nicht leicht. Sie mussten bereit sein, Menschen unterschiedlichen Herkommens in ihren Kreis aufzunehmen.

Das führte zu dem großen Schritt in der Religionsgeschichte, ja, der Weltgeschichte – Paulus seinerseits hatte ihn schon getan. Auch das junge Judenchristentum durchbrach die für Israel bezeichnende völkische Grenze. Unter harter, innerer Auseinandersetzung – einer Art Familienstreit – löste es sich von der Dominanz der Pharisäer. Die judenchristliche Gemeinde sah sich nun zu allen Völkern gesandt. Die Geschichte des Jesus Christus gewann auch hier universale Bedeutung.

Mir kam Matthäus als eine sehr entschiedene Persönlichkeit entgegen, im Inhaltlichen keine Spur von billiger Anpassung an die religiöse Umwelt. Ein Freund breit erzählter Geschichten war er nicht. Die Gemeinde wurde auf den Weg des Gehorsams geführt, der der Gerechtigkeit des kommenden Himmelreichs diente; im Gericht am Ende der Zeit muss man bestehen können. Die Gebote vom Sinai blieben im Kern verpflichtend. Auch die radikalen Anweisungen, mit denen Jesus erste Jünger ausgesandt waren, wurden nicht vergessen. Davor aber stand die Einladung Jesu, die er weitergeben wollte: *Kommt her zu mir, ihr Mühseligen und Beladenen* (Mt 11,26).

Unseren Autor sich als idealistischen Träumer vorzustellen, wäre ganz und gar verkehrt. Wie Jesus kannte er die Alltagswirklichkeit. Matthäus hatte es mit dem Kleinglauben in der Jüngerschaft zu tun, man erinnerte sich an Petrus' Schwäche und an den Judasverrat. Sorgen machten ihm Ermüdungserscheinungen in der Gemeinde. Die Menschen vergaßen, wie ernst sie anfangs ihren Glauben genommen hatten. Matthäus wurde ein Mann der Mahnungen. Würde dies die Trägen aufwecken? Gar nicht gut war über die zu reden, die zwar fromme Worte im Munde führten, doch das Tun vergaßen: *Es werden nicht alle, die zu mir sagen: Herr, Herr, in das Himmelreich kommen*, hatte Jesus gesagt (Mt 7,21).

Der Matthäus-Text endet in einem geradezu optimistischen Zutrauen: Der winzigen Gemeinde wurde die Vision vom Bau einer weltweiten Kirche gegeben. Matthäus dachte weit über seine Ortsgemeinde hinaus. Es ist mehr als erstaunlich, wenn er sein Buch mit einem Auftrag enden lässt, den der Auferstandene den Jüngern für alle Zukunft mitgab: *Lehret sie halten alles, was ich euch befohlen habe* (Mt 28,20). Matthäus machte damit die Worte des Meisters, also die matthäische Schrift, verbindlich.

Zur aktuellen Bedeutung ist bisher noch nichts gesagt; ich werde dazu in den einzelnen Kapiteln kommen. Manche Deutungen sind umstritten, das soll nicht übersehen werden. Doch aufs Ganze gesehen: Jesus als Sohn des gerechten Vaters, Sinngebung für den Einzelnen, Lebensordnung für die wahrheitssuchende Welt: Diese drei Dimensionen greifen ins Existentielle. Sie mögen öffentliche Auseinandersetzung provozieren oder zur Selbstfindung helfen. Die Geschichte gibt uns keinen Grund, an ihrer Beständigkeit zu zweifeln.

I. Der Neue

Titel und Stammbaum Jesu, seine Geburt, Kap. 1,1-25

Der Stammbaum

1 Das ist das Buch von der Geschichte Jesu Christi, des Sohnes Davids, des Sohnes Abrahams.
2 Abraham zeugte Isaak. Isaak zeugte Jakob. Jakob zeugte Juda und seine Brüder.
3 Juda zeugte Perez und Serach mit der Tamar. Perez zeugte Hezron. Hezron zeugte Ram.
4 Ram zeugte Amminadab. Amminadab zeugte Nachschon. Nachschon zeugte Salmon.
5 Salmon zeugte Boas mit der Rahab. Boas zeugte Obed mit der Rut. Obed zeugte Isai.
6 Isai zeugte den König David. David zeugte Salomo mit der Frau des Uria.
7 Salomo zeugte Rehabeam. Rehabeam zeugte Abia. Abia zeugte Asa.
8 Asa zeugte Joschafat. Joschafat zeugte Joram. Joram zeugte Usija.
9 Usija zeugte Jotam. Jotam zeugte Ahas. Ahas zeugte Hiskia.
10 Hiskia zeugte Manasse. Manasse zeugte Amon. Amon zeugte Josia.
11 Josia zeugte Jojachin und seine Brüder um die Zeit der babylonischen Gefangenschaft.
12 Nach der babylonischen Gefangenschaft zeugte Jojachin Schealtiel. Schealtiel zeugte Serubbabel.
13 Serubbabel zeugte Abihud. Abihud zeugte Eljakim. Eljakim zeugte Asor.
14 Asor zeugte Zadok. Zadok zeugte Achim. Achim zeugte Eliud.

15 Eliud zeugte Eleasar. Eleasar zeugte Mattan. Mattan zeugte Jakob.
16 Jakob zeugte Josef, den Mann der Maria, von der geboren ist Jesus, der da heißt Christus.
17 Alle Glieder von Abraham bis David sind vierzehn Glieder. Von David bis zur babylonischen Gefangenschaft sind vierzehn Glieder. Von der babylonischen Gefangenschaft bis Christus sind vierzehn Glieder.

Die Geburtsgeschichte

18 Die Geburt Jesu Christi geschah aber so: Als Maria, seine Mutter, dem Josef vertraut war, fand es sich, ehe er sie heimholte, dass sie schwanger war von dem heiligen Geist.
19 Josef aber, ihr Mann war fromm und wollte sie nicht in Schande bringen, gedachte aber, sie heimlich zu verlassen.
20 Als er das noch bedachte, siehe, da erschien ihm der Engel des Herrn im Traum und sprach: Josef, du Sohn Davids, fürchte dich nicht, Maria, deine Frau, zu dir zu nehmen; denn was sie empfangen hat, das ist vom heiligen Geist.
21 Und sie wird einen Sohn gebären, dem sollst du den Namen Jesus geben, denn er wird sein Volk retten von seinen Sünden.
22 Das aber ist alles geschehen, damit erfüllt würde, was der Herr durch den Propheten gesagt hat, der da spricht (Jes 7,14):
23 „Siehe, eine Jungfrau wird schwanger werden und einen Sohn gebären und sie werden ihm den Namen Immanuel geben“, das heißt übersetzt: Gott mit uns.
24 Als nun Josef vom Schlaf erwachte, tat er, wie ihm der Engel befohlen hatte, und nahm seine Frau zu sich.
25 Und er berührte sie nicht, bis sie einen Sohn gebar; und er gab ihm den Namen Jesus.

Kapitel 1 – ein Prolog. Lesen Sie sich einmal die ersten siebzehn Verse laut vor. Beginnt hier ein Hörbuch? Beim lauten Lesen scheint die Hauptperson des Buches präsentiert zu werden. Im Urtext allerdings ist der erste Satz, der in der Lutherbibel so gewichtig klingt, einfach eine Überschrift.

Die Geschichte setzt mit einem Wissen ein, das zurückblickt und zusammenfasst. Ein Mensch war aufgetreten, der als von Gott gesandter erkannt worden war und dessen Tod seine Anhänger als Überwindung verstanden. Erfahrungen waren verdichtet, verehrt und Bekenntnis geworden.

In der Religion, die in Israel entstanden war, hatte Gott sich als Retter der ganzen Schöpfung offenbart. Die Welt, die aus dem Ruder gelaufen war, sollte „neu" werden und lebenswürdig sein. Und das kleine Israel sollte das Instrument der kommenden Weltordnung sein, genannt: das Gottesreich. Israel kannte seine lange widerspruchsvolle Geschichte von Rettung und Heil. Sie fand jetzt eine Fortsetzung und Überbietung durch den, von dessen Geschichte nun erzählt werden soll. Von seinem Rang sprachen die folgenden Titel.

Es geht um den *Jesus Christus*, präziser müsste es „Christus Jesus" heißen, denn *Christus* ist ein Titel, der „Gesalbte", hier schon griechisch gesprochen (das hebräische *Messias* war offensichtlich in Syrien ungebräuchlich geworden). Obenan die Titulatur: *Sohn Davids*, als Zuwendung zum alten Israel dem Matthäus wichtig! Königliche Würde wird herausgestellt; dass dieser Davidsabkömmling ein König der Armen sein würde, wird sich später zeigen. Dann noch *Sohn Abrahams*; dieses Würdewort verwurzelt den Jesus mit der Urgeschichte des Heils. So sollte der von der Judenschaft lebhaft umstrittene Jesus bitte verstanden werden.

Der Stammbaum des Heilsbringers, der aufgerollt wird, war für die Leser einigermaßen geläufig; Matthäus richtete die Geschichtstabelle eindeutig jüdisch aus. Die aufgeführten Bekannten und Unbekannten gehören in die jüdische Welt. Sie können sie im Alten Testament nachschlagen. Wenn Sie die Namensreihe mit der bei Lukas vergleichen, merken Sie: Lukas hatte die römische Welt im Auge und benutzte seinerseits eine Vorlage, die von Jesus (ohne Maria) zurück bis hin zu Adam reicht.

Vielleicht werden Sie die Liste schnell überschlagen. Doch nicht übersehen sollten Sie, dass in dem ehrenwerten Geschlechterbaum fünf Frauen erwähnt werden. Die Stammmütter Israels – die Frauen von Abraham, Isaak und Jakob: Sara, Rebekka, Rahel und Lea – fehlen. Aber Tamar, Rahab, Rut und Bathseba, die Frau Davids, die er dem Uria wegnahm, und Maria sind erwähnt – alles Frauen mit einer ungewöhnlichen Geschichte. Der so abseitig wirkende Stammbaum will also auffallen.

Matthäus hatte etwas übrig für solch bezeichnende Kleinigkeiten. Man merke: Die Geschlechterfolge zeigt keine nationale oder rassistische Verengung – eher enthält sie Zeichen der Offenheit für Andere. Sie lässt daran denken, dass in Israel manchmal irregulär gehandelt worden war, und das konnte als zukunftsbestimmend verstanden werden.

Aber dann ... die erste der drei Kindheitsgeschichten. Die macht es Ihnen richtig schwer. Wie anschaulich beginnt das Lukas-Evangelium mit seinen Geburtsgeschichten (Lk 1 und 2), wie geheimnisvoll tiefsinnig liest sich der Prolog des Johannesevangeliums (Joh 1,1-17). Hier ganz anders. Im zweiten Abschnitt des Kapitels steht die Sache mit der „Jungfrauengeburt". Welch absurde Vorstellung, meinen heute viele. Das Zitat aus Jesaja, Kap. 7,14 – *eine Jungfrau ist schwanger*; damals als Legitimierung herangezogen – ist zu einem der größten Stolpersteine in der Bibel geworden. Bis ins Glaubensbekenntnis verfolgt es Menschen: *empfangen durch den heiligen Geist, geboren von der Jungfrau Maria*. Viele können im Gottesdienst den Satz nicht mitsprechen.

Ich möchte Sie gerne entlasten. Vielleicht hilft schon, wenn ich sage: Sie, liebe Leserinnen und Leser, müssen das nicht „glauben“ und können, wie Luther einmal sagte, mit Respekt den Hut ziehen und weitergehen. Aber Nachdenken schadet auch nichts. Worum geht es? „Jungfrauengeburt“ war ein gebräuchliches Zeichenwort. Es ließ Bedeutung aufleuchten und erregte Ehrfurcht. Großen Männern wurde damit göttliche Abstammung zugeschrieben.

So sage ich: Keine Berührungsangst vor dem Gedanken der Geistzeugung. Entschlüsseln Sie das Symbolwort. Nämlich: Das, was Jesus vorlebte, soll nie verwechselt werden mit menschlicher Kraft zu menschlichem Ruhm. Von Anfang an, nicht erst als Etikett späterer Begeisterung, sollte Jesus verstanden sein als einer, dem Karrieredrang völlig fremd war. Heute, wo die Welt mit Machen und Können einen Persönlichkeitskult betreibt, können Sie das als Auszeichnung auffassen.

Die Parade des Stammbaums endete mit Josef und seiner Frau. Die Geschichte zielte deutlich auf diesen Mann, Tischler von Beruf. Denn der *Mann der Maria*, der fünften Frau im Stammbaum, muss mit seiner Maria klar kommen. Nach der Verlobung stand er plötzlich vor der peinlichen Überraschung, dass seine Verlobte schwanger war, und das nicht von ihm. Ein Engel musste ihm im Traum erscheinen und in knappen Worten etwas erklären. Dem Josef wird das nicht weniger als uns Kopfzerbrechen bereitet haben: Es sei eine Geburt aus dem heiligen Geist, und Großes sei von dem Kind zu erwarten. Die Ermutigung *Fürchte dich nicht*, ist sicher für Nachdenkliche aller Zeiten hilfreich.

Im nächsten Kapitel wird direkt von Gottes *Sohn* gesprochen (2,15; siehe auch 3,17 u.ö.) – Matthäus benutzte das Wort öfter. „Sohn“ hieß einfach: „er gehört zu ...“. Aber *Gottes Sohn* war Titel und Bekenntnis geworden. Er kam den Menschen so nahe, aber es spiegelte sich in ihm etwas „ganz Anderes“. Auch, wie er von „seinem Vater“ sprach, ließ etwas ahnen, das die normale Menschlichkeit überstieg. Menschwerdung *aus dem heiligen Geist* will das Einzigartige dessen umschreiben, der jetzt als Baby da lag. In der Kirche wird von der *Inkarnation* gesprochen. Mit Jesus war göttliche Humanität erschienen – oder humane Göttlichkeit in der reichlich unmenschlichen Welt.

Ich hoffe, so kommen die Vorstellungen von Geistzeugung und Jungfrauengeburt Ihnen näher. Wir sprechen hier nicht gynäkologisch, sondern theologisch. Von „Gott“ ist die Rede, das meint die Größe, die das Außerordentliche zu Wege bringt. –

Zurück zu Josef. Josef, *der Mann der Maria*, ist nicht der, der am Rande der strahlenden Szene die Suppe zu kochen hatte. (So auf vielen Bildern des Mittelalters.) Auch er muss Weihnachten gepriesen werden. Nicht weniger als Maria ist er die wichtige Person der Geschichte. Wissen Sie, warum Matthäus ihn ins Licht rückte? Josef, so hatten Sie es im Stammbaum gehört, war doch ein Abkömmling des Königs David. (Abstammungen müssen damals fest im Gedächtnis bewahrt worden sein.) Indem er nun das Kind als eigenes akzeptiert, wird der Neugeborene auch ein *Sohn Davids*. Er – was immer geschehen mag – wird wie David, der Gründer des Reichs, sein Volk führen. So die Hoffnung und Deutung seines Lebens.

Josef sollte nun tun, was Vätern zukam. Wie ihm im Traum befohlen, gab er dem Kind den Namen. Christen werden es nicht mit einem amorphen religiösen Wesen zu tun haben, sondern mit einem, der angeredet werden kann. Wie leichthin geht der Name uns von den Lippen: „Jesus". *Jesus*, auf hebräisch *Jehoschua* oder *Jeschua*, lässt im Kontext des Buches schon Zukunft aufklingen: *Jeschua* heißt nämlich *JHWH ist Heil* (die vier Buchstaben stehen für den Gottesnamen, der in Israel nicht ausgesprochen wird). Die Engelsbotschaft kommentierte den Namen: *Er wird sein Volk retten von ihren Sünden*.

Uns Lesern macht der *Engel des Herrn* klar: Eine uralte Verheißung wird erfüllt, die lang ersehnte Wende angekündigt. Matthäus ließ den an sich üblichen Namen Jesus wie die Zusage einer Befreiung aufklingen. Die hinzugesetzte Namensdeutung musste in seinem Umfeld als Herausforderung verstanden werden – geradezu skandalös. Was politische Folgen hatte.

Schon im nächsten Kapitel wird von Flucht vor Verfolgung erzählt – vom Kindermord des Königs Herodes, der den *neugeborenen König der Juden* (2,2) treffen sollte. Namen sind nicht Schall und Rauch. Doch was sagen sie Ihnen? Können Sie sich mit den Bedeutungen vertraut machen? Mit dem Zitat aus Jesajas Prophetie (Jes 7) wurde von Matthäus ein weiterer Name hinzugesetzt: *Immanu-El, Mit uns ist Gott*. Welch eine Kurzformel für den Christenglauben – wie fromm-egoistisch das Gott-mit-uns von Kreuzrittern oder Militärs auch gebraucht wurde. Der Titel wurde sozusagen der Geheimname für den Gottmenschen, der für andere da sein wollte. Die Zusage Gottes durchzieht gleichsam das gesamte Buch, bis sie am Ende umgewandelt wird in die Zusage Jesu: *Ich* bin bei euch. Literarisch gekonnt und theologisch wichtig umschließt der Autor damit alle Kapitel und macht sie offen für das Kommende.

II. Ein Flüchtlingskind

Die Flucht nach Ägypten, Kap. 2,13-22

Zur Geburtsgeschichte des Matthäus gehören zwei weitere Kindheitsgeschichten, die geistvoll angeschlossen sind. Der Besuch der Magier und die Flucht nach Ägypten – die Erzählungen stehen wie Säulen im Portal des Evangeliums. Sie nehmen die Grundstruktur des Evangeliums vorweg; gleich im Anfang wird in Höhe und Breite die Jesusexistenz ausgemessen. Der offene Welthorizont für den Neugeborenen und die tödliche Gefährdung durch das eigene Volk. Beide Geschichten gehören eng zusammen, sie erzählen eine Kampfgeschichte. Gott gegen den Feind Herodes.

Ich beginne mit den Drei Königen aus dem Morgenland – eine der volkstümlichen Bibelgeschichten. Sie ist Ihnen sicher bekannt. Der 6. Januar ist ihr Tag, Sternsinger ziehen durch die Straßen und „C-M-B“ wird über die Türen geschrieben. Mit Phantasie wurde schon früh die Bibel ausgemalt. Welche Entwicklung das Thema in der Kunst durchlief, ist aussagereich. Aus einer Gruppe von Magiern wurden drei Könige, sie bekamen Namen, in der lateinischen Tradition Caspar, Melchior und Balthasar, sie stellten Altersstufen dar, und Balthasar wurde ein eleganter Afrikaner. Doch die Absicht der Erzählung trat in den Hintergrund. Worum ging es Matthäus, der die Texte, die wohl aus mündlicher Überlieferung stammen, prägte? Knapp erzählte er, auf Ausmalung verzichtend und konzentriert auf die Wesentlichkeiten des Christus. Ich gehe kurz dem Sinnvorrat der ersten Geschichte nach.

Magier treten auf. Die galten als die Elite der Weisheit, die nicht nur die Juden bewunderten. Philosophen, Naturwissenschaftler aus dem hochentwickelten Osten hatten sich auf einen weiten Weg gemacht, weil ein Stern erschienen war und sie den als Zeichen gedeutet hatten. Im fernen Israel sei ein König geboren, dem die Ehre zu erweisen kein Weg zu lang wäre. Jesu Geburt als weltbewegendes Ereignis! Dass sie sich in der Sterndeutung auskannten, zeigt sie als astrologisch bewandert und theologisch gebildet. Die heutigen Überlegungen über das astronomische Wann und Wie hätten den Erzähler nicht interessiert.

Der Wunderstern führt sie tatsächlich zum Ziel. Sie erscheinen in Jerusalem vor Herodes, dem jüdischen König, und fragen: *Wo ist der neugeborene König der Juden?* (Auf Golgatha wird dieser Titel wiederholt!) Und Herodes erschrickt vor der Frage und mit ihm die ganze Stadt. Der kurze Satz hat die Jesusgeschichte in sich, die Leser kannten sie ja bis hin zu Passion und Auferstehung. Herodes und das Volk in Jerusalem – das war die Front des Feindes gewesen. Die Berater des Königs verweisen auf die Heilige Schrift, die das Ereignis einer Geburt in Bethlehem, *des Fürsten, der mein Volk Israel weiden wird,* prophezeit hatte. Herodes sieht in dem Kind sofort den Messias, eine Macht, die ihm gefährlich werden könnte. Hinterhältig wird er einen teuflischen Plan fassen. Sie, liebe Leser, ahnen: Das Kind ist in Gefahr.

Die (kleine) Davidsstadt Bethlehem steht im Welthorizont. Die Magier huldigen dem neuen König ehrerbietig. Hocherfreut geben sie ihm ihre Gaben; Gold, Weihrauch und Myrrhe sind Luxusgeschenke. Die Fremden werden die Erstlinge der Jesusverehrung. Auf anderen Wegen schickt sie Gottes Befehl in ihr Land zurück. Denn er regierte im Hintergrund des Geschehens, das ganz christusbezogen angelegt ist. Jesus ist Weltenkönig, Messias (der Gesalbte, Christus) – einerseits hochverehrt, andererseits (immer) in Gefahr. Das wollte Matthäus sagen.

Mit der zweiten Geschichte setzte Matthäus den düsteren Gegenpol zu der hochglänzenden Anbetungsszene. Sie soll uns jetzt beschäftigen.

13 Als sie [die Magier] aber hinweggezogen waren, siehe, da erschien der Engel des Herrn dem Josef im Traum und sprach: Steh auf, nimm das Kindlein und seine Mutter mit dir und flieh nach Ägypten und bleib dort, bis ich dir's sage; denn Herodes hat vor, das Kindlein zu suchen, um es umzubringen.
14 Da stand er auf und nahm das Kindlein und seine Mutter mit sich bei Nacht und entwich nach Ägypten
15 und blieb dort bis nach dem Tod des Herodes, damit erfüllt würde, was der Herr durch den Propheten gesagt hatte, der da spricht (Hosea 11,1): „Aus Ägypten habe ich meinen Sohn gerufen."
16 Als Herodes nun sah, das er von den Weisen betrogen war, wurde er sehr zornig und schickte aus und ließ alle Knaben in Bethlehem töten und in der ganzen Gegend, die zweijährig und darunter waren, nach der Zeit, die er von den Weisen genau erkundet hatte.
17 Da wurde erfüllt, was gesagt ist durch den Propheten Jeremia, der da sprach (Jeremia 31,15):
18 „In Rama hat man ein Geschrei gehört, viel Weinen und Wehklagen; Rahel beweinte ihre Kinder und wollte sich nicht trösten lassen, denn es war aus mit ihnen."
19 Als aber Herodes gestorben war, siehe, da erschien der Engel des Herrn dem Josef im Traum in Ägypten
20 und sprach: Steh auf, nimm das Kindlein und seine Mutter und zieh hin in das Land Israel; sie sind gestorben, die dem Kindlein nach dem Leben getrachtet haben.

21 Da stand er auf und nahm das Kindlein und seine Mutter mit sich und kam in das Land Israel.
22 Als er aber hörte, dass Archelaos in Judäa König war anstatt seines Vaters Herodes, fürchtete er sich, dorthin zu gehen. Und im Traum empfing er Befehl von Gott und zog ins galiläische Land
23 und kam und wohnte in einer Stadt mit Namen Nazareth, damit erfüllt würde, was gesagt ist durch den Propheten: Er soll Nazoräer heißen.

Interessant ist, wie oft in der Antike von verfolgten und erretteten Königskindern erzählt wurde. Von vielen berühmten Leuten berichten das die Legenden. Bibelleser könnten sich an die Geschichte vom kleinen Mose erinnern. Auch unser Text zeichnet kein historisches Faktum auf. Die vorliegende Erzählung hat ihren eigenen Charakter. Sie macht Glaubensdinge verständlich und eindrücklich: Gefährdung und Bewahrung des Sohnes durch den Vater.

Wichtig sind die Bibelzitate. Überlesen Sie diese nicht. Die Verse haben eine für Matthäus wichtige Funktion, sie sollen die Jesusgeschichte geradezu fest an die Heilsgeschichte Israels klammern.

Der Evangelist sah mit Jesus Christus die heiligen Schriften erfüllt. Gegen die jüdische Mehrheit behauptete er damit den Anspruch der jungen Christengemeinde. Der Konflikt, der die Jesusgeschichte bis zur Kreuzigung durchziehen wird, findet hier seinen prinzipiellen Ausdruck – schon der Stammbaum musste die Judenschaft verärgert haben.

Der christlichen Theologie ist damit für ihr Gespräch mit dem Judentum eine Last auferlegt (siehe auch S. 19 und die Abschnitte XVI und XVII).

Was nun geschah, liegt in Gottes Hand. *Der Engel des Herrn* erschien, wie in der Geburtsgeschichte, dem Josef im Traum. Die Familie soll noch des Nachts aufbrechen, Herodes will das Kind umbringen. Vater Josef tat, was ihm gesagt wurde, er sorgt für Mutter Maria und das Kind, die Hauptpersonen. Das Ziel der Flucht war Ägypten, zu allen Zeiten der Auffangplatz für Flüchtige aus israelischem Gebiet. Die Leser werden besonders an den jungen Josef, einen von Jakobs Söhnen, denken, der nach Ägypten verkauft wurde. Im Zitat, das nicht passgerecht gebraucht wird, spricht Gott von seinem Sohn.

Das Kind war zwar noch zu klein, um sich die Unsicherheit des Lebens bewusst zu machen. Aber die Flucht vor politischer Gewalt steht da wie ein nicht ausschaltbares Zeichen. Der „König der Juden" musste in die Fremde und das Schicksal der Hilflosen auskosten, auch wenn die Familie unter himmlischem Schutz steht. Weiter wird das Flüchtlingsschicksal nicht ausgesponnen.

Über dem Ganzen liegt der Schrecken eines mörderischen Exzesses. Der Besuch der Weisen hatte den Herrscher in Angst versetzt, ein Konkurrent könne ihm seinen Thron streitig machen. Irgendwo in Bethlehems Umgebung lebe dieses angekündigte Christuskind, und er fürchtet, das würde ihm gefährlich werden. So meint Herodes, radikal handeln zu müssen. Er lässt eiskalt alles ausrotten, was im möglichen Alter ist. Der Kindermord zu Bethlehem! Ein Zitat aus der Bibel beschreibt die Trostlosigkeit der Mütter über den Tod ihrer Kinder: *Es war aus mit ihnen.*

Ihnen wird ein Bemühen fehlen, Gott für den Kindermord irgendwie zu rechtfertigen – wie konnte er ihn zulassen? Matthäus ging es allein um den Kampf zwischen Gott und dem Jesusfeind. Übrigens wurden später die Kinder zu Märtyrern erklärt, sie durften für Jesus gestorben sein. Der 28. Dezember wurde zum Fest der unschuldigen Kinder.

Nach dem Tod des Herodes meldete sich der Engel wieder und forderte zur Rückkehr auf. Josef hat Angst vor dem neuen Herrscher (Archelaos war nicht der König, sondern nur Ethnarch). Bezeichnenderweise wird ihm das neue Ziel durch Gott angegeben. Der Wohnort soll Nazareth sein (sicher keine „Stadt“), weitweg von Jerusalem im Norden des Landes. Im Markusevangelium kommt Jesus von dort, bei Matthäus bringt die göttliche Führung die Familie von Bethlehem dorthin. Denn Nazareth liegt im „Galiläa der Heiden“. Die kleine Bemerkung nimmt den Weg des Evangeliums zu den Nicht-Juden vorweg. Ein Erfüllungszitat wird hinzugefügt, es muss in Syrien üblich gewesen sein. Das schwierige Wort *Nazoräer* war dort wahrscheinlich die Christenbezeichnung, die die Gemeinde ihrem Lehrer beilegte: „Er war Christ wie wir.“ Biblisch ist das Zitat übrigens nicht aufzufinden – eine Crux für Ausleger.

Mit der Erzählung in einem spät-apokryphen Evangelium hat der Abschnitt Volkstümlichkeit erhalten. Die Marienlegende machte, mit staunenswerten Wundern ausgeschmückt, die so karg erzählte Geschichte beliebt. Die Kunst hat in Bildern große Wunder, aber auch das beschwerliche Wandern vorgeführt, Josef zieht den Esel voran. In der katholischen Frömmigkeit wurde die Flucht zur zweiten Station des Schmerzhaften Rosenkranzes, sie gehört in das Gebet der Mütter. Diese erste Leidensgeschichte gehört überhaupt zur Compassion – mitleiden können, nicht weggucken.

Jesus, aus bestimmtem Grunde das Flüchtlingskind. Angesichts des Flüchtlingselends unserer Tage ist das Schicksal der Jesusfamilie neu ins Licht getreten. Die Verpflichtung, Geflüchteten beizustehen, hat dadurch einen starken Impuls erhalten. *Was ihr nicht getan habt einem von diesen Geringsten, das habt ihr mir auch nicht getan* (25,45). Nicht zu vergessen ist, dass Jesus Christus hier schon als heimatloser Wanderer gezeichnet ist: *Der Menschensohn hat nichts, wo er sein Haupt hinlege* (8,20). Und, nicht zuletzt: Können Sie nicht die an sich furchtbare Geschichte als trostvoll lesen? Denn sie redet von Gott, der seinen Sohn nicht aus dem Auge verliert und ihn in der Gefahr bewahrt.

Soviel zum kleinen Neugeborenen. Über seine Jugendzeit gibt es nur Legenden, die nicht in den Kanon der Evangelien aufgenommen wurden. Ihnen, liebe Leserinnen und Leser, begegnet er vom dritten Kapitel an als junger Mann. Ein zunehmend schwerer Weg liegt vor ihm. Der Immanuel wird sich an seinem Gott festhalten müssen, dessen Fürsorge er schon erfahren hatte.

III. Geistiger Kampf

Die Versuchung Jesu, Kap. 4,1-11

*1 Da wurde Jesus vom Geist in die Wüste geführt, damit er
von dem Teufel versucht würde.
2 Und da er vierzig Tage und vierzig Nächte gefastet hatte,
hungerte ihn.
3 Und der Versucher trat zu ihm und sprach: Bist du Gottes
Sohn, so sprich, dass diese Steine Brot werden.
4 Er aber antwortete und sprach: Der Mensch lebt nicht vom
Brot allein, sondern von einem jeden Wort, das aus dem
Mund Gottes geht.
5 Da führte ihn der Teufel mit sich in die heilige Stadt und
stellte ihn auf die Zinne des Tempels
6 und sprach zu ihm: Bist du Gottes Sohn, wirf dich hinab,
denn es steht geschrieben (Ps 91,11.12): „Er wird seinen En-
geln deinetwegen Befehl geben; und sie werden dich auf
den Händen tragen, damit du deinen Fuß nicht an einen
Stein stößt."
7 Da sprach Jesus zu ihm: Wiederum steht auch geschrieben
(5.Mose 6,16): „Du sollst den Herrn, deinen Gott, nicht ver-
suchen."
8 Darauf führte ihn der Teufel mit sich auf einen sehr hohen
Berg und zeigte ihm alle Reiche auf Erden und ihre Herrlich-
keit
9 und sprach zu ihm: Das alles will ich dir geben, wenn du
niederfällst und mich anbetest.
10 Da sprach Jesus zu ihm: Weg mit dir, Satan! Denn es
steht geschrieben (5.Mose 6,13): „Du sollst anbeten den
Herrn, deinen Gott, und ihm allein dienen."
11 Da verließ ihn der Teufel. Und siehe, da traten Engel zu
ihm und dienten ihm.*

Für unsere Geschichte ist der Zusammenhang wichtig: In Kap. 3 findet sich die Bußpredigt Johannes des Täufers, dann Jesu Taufe. Das war ein außerordentliches Ereignis. Für Jesus musste es als Berufung gewirkt haben. *Da tat sich ihm der Himmel auf, und er sah den Geist Gottes herabfahren und über sich kommen.* Was ging da vor? Nach Psychologischem wird nicht gefragt. Eine Begegnung mit der höheren Wirklichkeit wird umschrieben, vielleicht ein Sehen mit den inneren Augen. Eine Stimme vom Himmel herab wandte sich an die Umstehenden. Man (wer?) hörte: *Dies ist mein lieber Sohn, an dem ich Wohlgefallen habe.* Gott band sich an eine Person; hier wurde sie öffentlich vorgestellt. Damit war geklärt, wer dieser Jesus ist. Nicht ein von Gott adoptierter Mensch, sondern der Gottessohn in seiner Einzigartigkeit.

Die Versuchungsgeschichte bringt Markus nur in einem kurzen Satz. Lukas erzählt sie ohne besondere Betonung und endet mit der Aufforderung, von der Zinne zu springen. In der Erzählung erscheint der Teufel personifiziert. Hebräisch heißt er *satan*, griechisch *diabolos*, der Durcheinanderwerfer. Im Neuen Testament gilt er bis zum letzten Kampf als der Gegenspieler, der das Gottesreich zerstören will (Offenbarung 20,10) – der absolute Gegenpol.

Jesus, begabt mit Gottesgeist, steht noch im Licht dieser einmaligen Proklamation. Der schöne Ton des letzten Verses von Kap. 3 klingt nach. Er, geliebter Sohn Gottvaters! „Alles ist gut", möchte der Leser denken. Doch Matthäus inszenierte einen Szenenwechsel. Welch rätselhafte Weiterführung! Zuerst Gotteserscheinung, jetzt Teufelsbegegnung. Unserem Autor muss sie für seine Gemeinde als Beispiel von größter Wichtigkeit gewesen sein. Jesu allererste Erfahrung wird die Begegnung mit der Macht des Bösen sein.

Es kam zum geistigen Kampf. Wird sich der Sohn bewähren? Wird er seine Gottesverbindung ausspielen? Als Drama in fünf Akten wird die Begegnung der zwei Mächte geschildert. Ein Konfliktgeschehen endzeitlichen Gewichts!

Sie spüren wohl unmittelbar, dass die Erzählung transparent für Alltagserfahrungen ist. Deswegen eben stellte sie Matthäus hier her. Wann machten die Kirchen Ähnliches durch? In welchem Detail kirchlicher Entwicklung steckt der Teufel? Unwillkürlich werden Erinnerungen an eigenes Erleben wach, Bilder menschlichen Geschicks mit seinen Anfechtungen treten vor Augen. Der Mensch, versuchlich seit Adam und Eva, seit Urzeiten immer in gefährlicher Fallsucht. Jeder steht einmal vor der inneren Schwäche, sei sie Rätsel oder höchst erklärlich. Die Geschichte hat unheimliche Tiefe.

Wer wohl diese Geschichte erdacht hat? Sie schaut mit Wissen von Begierden, Geltungsdrang, Machtwillen in die Hintergründe des Lebens. Nicht zu übersehen: Konsumfreuden und Verlustängste sind die kleinen Dämonen. Unser Autor ließ drei Szenen des Dramas enden mit dem Bekenntnis: „Allein Gott", dem Alleinstellungsmerkmal, das den jüdisch-christlichen Weltenherrn meinte (der Islam ist von Ähnlichem überzeugt). Ihm allein Ehre und Vertrauen. Das setzte im ersten Teil des Buches einen wichtigen Akzent.

Ich erinnere mich an Dostojewskis Legende vom Großinquisitor (Iwans Geschichte aus „Die Brüder Karamasow", 5. Buch, 5. Kapitel). Die Kirche ging um der schwachen Menschen willen den Pakt mit dem Teufel ein, der Großinquisitor verurteilt nun den wiedergekommenen Jesus. Der Weg des Gottessohnes sei zu schwer zu gehen. Da lebt der schwache Mensch, die Last der Freiheit hat er zu tragen, und er gibt sie hin für Brot, Wunder und entlastende Herrschaft. Dostojewski lässt Iwan von den drei einfachen Sätzen reden, die die ganze zukünftige Welt- und Menschheitsgeschichte enthalten und voraussagen – drei Bilder, in denen alle unlösbaren historischen Widersprüche der Menschennatur offenbart sind.

Nach dieser Einleitung nun die aufregende Geschichte:

1. Akt: Es war der gerade empfangene Geist, der Jesus einen vom Leser unerwarteten Impuls gab. Er wird in die Wüste geschickt, er soll dem Gegenspieler begegnen. Sie werden das Warum und Wozu wissen wollen. Das aber bleibt ungesagt. Vielleicht möchten Sie das Rätsel mit Absichten des guten Vaters in Verbindung bringen. Soll der Sohn geprüft werden? Soll er Erfahrungen machen mit der gefährdeten Existenz aller Menschen?

Jedenfalls ging kein Eremit zur inneren Erbauung in die Einsamkeit. Ein harter Realismus beherrscht die drei Bilder. Der Begriff „Wüste“ ist allen Bibellesern vom Marsch des Volkes aus Ägypten gut bekannt. Im Alltagsgebrauch meint Wüste Durst und Verirrung. Bis heute ist die Enthaltsamkeit ein Weg der inneren Sammlung, eine alte Methode der Bereitung, durch die körperliche Ablenkungen ausgeschaltet werden. Bibelkenner denken hier an Mose beim Empfang der Gesetzestafeln am Sinai. Wie er fastet Jesus vierzig Tage – 40 gilt als Zahl einer Vollendung. Handelt Jesus als der größere Mose oder sollen die Leser die Menschlichkeit des Sohnes erkennen? Nach dem langen Fasten meldet sich bei ihm der Hunger.

2. Akt: Die erste Zeichenforderung: Sattwerden. Ein Urbild. Die Hungersnot im Lande, Jesus nach seiner Fastenzeit geschwächt, das nutzte *der Versucher* als Einfallstor – von Pferdefuß keine Rede. *Verwandle doch Steine zu Brot!* Nicht ging es darum, dass ein Hungriger sich satt essen möchte. Der Gottessohn war gefragt. Möchte er nicht mit einer großen Tat auftreten? Wenn alle Menschen Essen hätten, wäre das die Erfüllung eines Menschheitstraums. Wie viel Einfluss würde er gewinnen? Tausendmal mehr, als da und dort etwas geholfen zu haben. Sein Mitleidsgefühl mag auch eine Rolle spielen. Der Teufel prüft den jungen Mann. Er will sehen, ob ein Gottessohn zu zaubern vermag. Jesus soll ihm außerordentliche Fähigkeit vormachen – so stellte er sich Göttlichkeit vor. Aber die Beglückung der Menschheit würde den Stempel des Antigottes tragen. Mit dieser Art Hilfe würde er seine Freiheit verlieren.

Der Versuchte wehrt ab, und zwar mit Worten der Tora, einem Bibelwort. In der Auseinandersetzung mit dem Gegenspieler ist das seine Waffe. Es ging nicht vordergründig um Brotvermehrung. Hier ist die Frage zu beantworten: Wovon lebt der Mensch? Und Jesus stellt – modern gesagt – die Religion vor das Materielle. Die Lebensworte Gottes sind es, die den Hunger des Menschen stillen.

3. Akt: Die zweite Forderung: Vertrauen oder nicht. Wieder ein Urbild. Der Gotteshilfe-Test ist doppelseitig. Der Durcheinanderwerfer führt ihn auf den Tempelplatz, auf den weithin sichtbar höchsten Punkt. Will er einen Wundermann sehen? Trommelwirbel und Sprung, und Superman würde begeistert gefeiert werden. Einmal der große Mann sein, da kann man schon mal seine Prinzipien zurückstellen. Jedoch dachte der Gegner wohl tiefer, was der Sache ihre zweite Seite gibt. Ich sehe hier eine Gottes-Versuchung. Ein Sprung, und so ein Wort der Schrift im Rücken – sollte der Sohn nicht seinem Vater vertrauen, sollte der Vater nicht den Sohn bewahren? Der Teufel kitzelt die Frömmigkeit an ihrer schwachen Stelle. Menschen möchten manchmal Gott für sich gebrauchen. Göttliche Hilfe soll vorzeigbar sein, Gebete sollen sich erfüllen. Gott wird oft erpresst.

Beachten Sie bitte: Der Versucher konnte mit der Bibel umgehen und theologisch argumentieren. Jesu Antwort kam auch aus der Tora. Ein Fechten mit Bibelworten. Den aus dem Zusammenhang geschnittenen Vers enttarnte Jesus als Lästerung. Es gilt nur das Wort, das im Kontakt mit Gott steht.

4. Akt: Die dritte Prüfung: Machtwille. Das letzte Urbild. Das Super-Angebot, die Welt besitzen zu können, spitzt den Konflikt zu. Die beiden steigen auf einen sehr hohen Berg. Die Spannung steigt zum Äußersten.

Stellen Sie sich den jungen Mann vor, wie sein Blick über die Weite der Welt schweift. Denken Sie an die Machtträume von Militärs und Politikern. Die Szene ist filmreif. Jetzt, als würde der Vorhang weggezogen, liegt die Absicht des Teufels zutage. *Das alles will ich dir geben, wenn du niederfällst und mich anbetest*, wenn du mit mir zusammenarbeitest. Das Angebot kostet nur den Preis der Unterwerfung – welches Ja oder Nein kämpfte da in Jesus!

Die beispiellose Lockung verändert schlagartig Jesu bisher geübte Sachlichkeit. Sich der Gegenmacht ausliefern? Dagegen wendet er sich mit wütender Energie: *Weg mit dir, Satan*. So die Matthäus-Akzentuierung.

Das Treffen endet mit dem scharfen Bruch, Jesu Torawort war eindeutig. Das, was dem Autor wesentlich ist, bildet den Schluss. Nämlich: Das Gottesverhältnis ist unteilbar, einzig und allein ER ist zu verehren. Darauf zielte bei Matthäus die Erzählung. Die Gemeindeglieder werden an das Grundgebet Israels gedacht haben, das „Höre Israel“ (siehe Abschnitt XVII).

Martin Scorsese hat (nach einem Roman von N. Kazantzakis) in seinem Film „Die letzte Versuchung Christi“ (1988) ein viertes Urbild zugefügt: Sexuelle Begierde. Jesus fantasiert am Kreuz von seiner Liebe zu Maria Magdalena.

5. Akt : Ende der Schau, sehr knapp erzählt. Der Gegner verlässt den, bei dem er dreimal einen Seitenwechsel versuchte (bei Lukas steht: *Der Teufel wich von ihm eine zeitlang*, Kap. 4,13). Matthäus ließ – die Bemerkung des Markus verwendend – die Szenen in geradezu himmlischem Frieden enden: *Und siehe, da traten Engel zu ihm und dienten ihm*. Die Kräfte von oben dienen dem, der den Versucher vom Felde drängte und das Böse überwand. Da geschieht eine Gotteserscheinung – man spricht von Epiphanie.

Was meint der Abschnitt, dem Matthäus mit seiner Komponierung einen bemerkenswerten Platz einräumte? Ich sehe Zeichenhaftes hervorgehoben. Zuerst Jesu Festigkeit. Der Sohn sicherte die Alleingültigkeit, mit der „der Gott Abrahams, Isaaks und Jakobs“ verehrt wurde (das meint mehr als „Monotheismus“). Weiterhin aber wird die Geschichte verallgemeinernd zum Beispiel: Wie meistern Christen das Böse, wie reagiert man auf Angriffe der Tücke? Ein Vorbild für Bewährung wird Ihnen vorgestellt. Glauben kann sich im Weltgedränge nie sicher fühlen; dass Gott geholfen hatte, wird erst im Rückblick erkennbar. Deshalb müssen Leute, die ihr Gottvertrauen nicht verlieren wollen, bereit und fähig zum Schutz ihrer Existenz sein. Die Versuchungsgeschichte hat eine Aktualität, die sie nie verlieren wird.

Noch ein Blick auf den Bibelgebrauch. Überzeugungskraft hat die Schrift nur, wenn Sinn und Absicht sich eng mit Gott verbunden wissen und beides der Vertrauensbeziehung entspricht. Sie ist das beste Verteidigungsmittel gegen Versucher aller Art.

IV. Aufgaben des Christus

Predigen, Mitarbeiter suchen, heilen, Kap. 4,12-25

Die Predigt

12 Als nun Jesus hörte, dass Johannes gefangen genommen worden war, zog er sich nach Galiläa zurück.
13 Und er verließ Nazareth, kam und wohnte in Kapernaum, das am See liegt im Gebiet von Sebulon und Naftali,
14 damit erfüllt wurde, was gesagt ist durch den Propheten Jesaja, der da spricht (Jes 8,23; 9,1):
15 „Das Land Sebulon und das Land Naftali, das Land am Meer, das Land jenseits des Jordans, das heidnische Galiläa,
16 das Volk, das in Finsternis saß, hat ein großes Licht gesehen, und denen, die saßen am Ort und im Schatten des Todes, ist ein Licht aufgegangen."
17 Seit der Zeit fing Jesus an zu predigen: Tut Buße, denn das Himmelreich ist nahe herbeigekommen.

Jüngerberufungen

18 Als nun Jesus am Galiläischen Meer entlangging, sah er zwei Brüder, Simon, der Petrus genannt wird, und Andreas, seinen Bruder, die warfen ihre Netze ins Meer, denn sie waren Fischer.
19 Und er sprach zu ihnen: Folgt mir nach, ich will euch zu Menschenfischern machen.
20 Sogleich verließen sie ihre Netze und folgten ihm nach.
21 Und als er weiterging, sah er zwei andere Brüder, Jakobus, den Sohn des Zebedäus, und Johannes, seinen Bruder, im Boot mit ihrem Vater Zebedäus, wie sie ihre Netze flickten. Und er rief sie.
22 Sogleich verließen sie das Boot und ihren Vater und folgten ihm nach. –

Heilungen

23 Und Jesus zog umher in ganz Galiläa, lehrte in ihren Syn-
agogen und predigte das Evangelium von dem Reich und
heilte alle Krankheiten und alle Gebrechen im Volk.
24 Und die Kunde von ihm erscholl durch ganz Syrien.
Und sie brachten zu ihm alle Kranken, mit mancherlei Leiden
und Plagen behaftet, Besessene, Mondsüchtige und Ge-
lähmte, und er machte sie gesund.
25 Und es folgten ihm eine große Menge aus Galiläa, aus
den Zehn Städten, aus Jerusalem, Judäa und von jenseits des
Jordans.

Sie befinden sich noch im Eingangsteil, in Kapitel 4. Die Texte schließen direkt an die Versuchungsgeschichte an. Ich habe sie gewählt, weil Matthäus vor dem ersten Hauptteil in einer voraussehenden Zusammenfassung Grundsätzliches äußerte.

Es beginnt privat, Jesus zog um. Er verließ Nazareth, den Wohnort seiner Familie, und ging nördlich an den See Genezareth. Den Umzug deutete der schriftgelehrte Matthäus wieder mit einem Jesajazitat, als Erfüllung alter Vorhersagen. Ja, der Mann mit den vielsagenden Titeln, der sogar dem Teufel widerstand, zieht ins Armenquartier. *Das heidnische Galiläa* war eine Ecke, von der die Leute im Süden wenig hielten. Der Prophet hatte von der Gegend geredet als Ort, der im Schatten des Todes liegt. Dort sollte *das große Licht* aufgehen.

Genau an das Zitat fügte unser Autor das an, was seitdem Jesu Tätigkeit werden sollte. Nur ein kurzer Satz: *Er fing an zu predigen*, er will etwas Wichtiges verbreiten. Hatte er jetzt seine Sendung und das wirklich Notwendige erkannt? Licht zu machen denen, die in ihrer Dunkelheit keinen Weg sehen?

Was will er inhaltlich? Die Gottlosigkeit soll enden, indem der Mensch seiner angemaßten Selbstherrlichkeit absagt. Das heißt hier kurz und knapp: *Tut Buße*. Ändert jetzt alles bei euch, was fehlgeleitet war und was euch vom göttlichen Willen ablenkte. Prüft euch und bringt euer Leben innen und außen wieder in Ordnung.

Warum redet Jesus denn so dringlich von Buße? Die Antwort gibt eine Zeitansage: *Das Himmelreich ist nahe herbeigekommen*. Er sieht die große Veränderung kommen, die schon Johannes, der Vorläufer, angekündigt hatte (die Täuferpredigt ist in Mt 3,1-10 zu finden), und dieser Blick voraus bestimmt sein Auftreten.

Die Menge damals hatte wenig Glück. Der größte Teil der Bevölkerung in Palästina war arm; Alltagsarmut bei Tagelöhnern, armen Bauern, Witwen und Waisen. Für sie war das sehnlichst Erwartete, endlich genug zu essen zu haben. Andersherum gesagt: Sie träumten von dem barmherzigen Gott; den wollten sie regieren sehen. Das hatte sich mit der Endzeit-Erwartung verbunden, von der schon bei den alten Propheten die Rede war.

Und in diesem Bewusstsein, dass sich bald der Lauf der Welt umdrehen würde, forderte Jesus die Umkehr. Die Nähe einer neuen Ordnung, das war Hoffnung für die einen, Erschrecken für die anderen. Mit dem Bußruf riefen die Christus-Anhänger nicht zuletzt zu einer sozialen Umstellung auf. Sie hätte die Wirkung, tatsächlich das Reich Gottes in die Welt herunterzuziehen.

Buße tun – wie kommt solcher Anruf bei Ihnen an? Als unbequeme Mahnung, als kirchliche Klingelei? Sie kann auch eine Lebenshilfe sein. Dauernd erscheint neue Ratgeberliteratur und vergisst keine der kleinen Sünden. Optimierung ist angesagt. Der Ruf Jesu hat entschieden mehr Tiefgang. Selbstverbesserung war ihm nicht genug, er war radikaler. Buße verlangt

Mut, vor ein unbestechliches Gegenüber zu treten. Gott kann ebenso helfende Hand wie scharfes Messer sein.

Martin Luther formulierte 1517 die erste seiner 95 Thesen so: *Da unser Herr und Meister Jesus Christus spricht: "Tut Buße" usw., hat er gewollt, dass das ganze Leben der Gläubigen Buße sein soll.* Das gilt als Anfang der Reformation!

Der nächste Abschnitt erzählt von einem folgenreichen Schritt nach vorn. Jesus holte „Jünger“ zu sich. Einzelkämpfer zu sein, war nicht seine Sache. Lernbereite Gefährten sollten bei ihm sein. Neben der Zwölfergruppe waren auch Frauen dabei.

Die ersten Jünger waren Fischer. Sie werden einen der Namen kennen, Petrus. Petrus, das ist sein Beiname, an sich hieß er Simon. Er wird der Sprecher des Jüngerkreises. Andreas tritt im Weiteren nur noch kurz im Johannesevangelium auf. Die spätere Tradition hat das Andreaskreuz bekannt gemacht (ein Diagonalkreuz, an dem er den Märtyrertod gestorben sein soll).

Wieder sind es Bedeutungssplitter, die den Text interessant machen. Da sind drei Worte, die Bände sprechen: *Folgt mir nach*, kommt hinter mir her. Im Buch oft wiederholt, umschreiben sie die Art und Weise der Verbundenheit mit dem, der sie rief. Nachfolge heißt, sich für ein Jesus gemäßes Leben zu entscheiden. Er wird voran gehen, sie folgen aufmerksam auf einem noch nicht überschaubaren Weg. Souveränität leuchtet auf. Aus dem jungen Mann war „der Herr“ geworden, der Meister mit Vollmacht.

Unsereins staunt wohl darüber, dass die beiden ihre Fischerei umgehend stehen und liegen ließen. *Sie folgten ihm nach*, heißt es kurz, der Ruf war bei ihnen angekommen. Damals war er Leserinnen und Lesern vertraut. Sie verstanden sich ja als Nachfolger. Doch mussten sie wohl das, was hochkonzentriert formuliert wurde, mit den Erfahrungen zusammenbringen, die sie beim Christwerden erlebten. Sie werden es seinerzeit nicht leicht gehabt haben.

Zum Verständnis dieser Nachfolge gehörte ein Auftrag. Die jetzt gefischten Jesusjünger sollten als *Menschenfischer* arbeiten. Das hat typische Bedeutung. Alle Nachfolger sollen Menschen gewinnen und ins Boot des Gottesreichs holen.

Wenn Sie die Linie von Berufung und Auftrag weiter ausziehen, endet diese im Kirchenverständnis des Matthäus. Wie dieser Beruf auszuüben war, wird erst in der Aussendungsrede Kapitel 10 gesagt.

Wie dem ersten erging es dem zweiten Brüderpaar: Jakobus (der Ältere, nicht der Herrenbruder) und Johannes. Ihr Vater Zebedäus war auch im Boot. Mit Petrus zusammen wurden die Zebedäussöhne die engsten Begleiter ihres Meisters.

Auch hier: *Sogleich* verließen sie ihr Schiff. Die Souveränität Jesu, die direkt Auswirkungen hat, ist wichtiger als erlebnisbezogene Einzelheiten bei den Jüngern.

Nur der Familienvater blieb zurück; das heißt: Die Berufenen lösten die engsten Bande. Ihre Reaktion ist geschildert, als sei sie selbstverständlich. Doch steckt die Radikalität der Nachfolge dahinter: Ausbruch aus der häuslichen Geborgenheit, Verlassen des Eigentums. In eine unsichere Zukunft folgten die Angeworbenen dem Wanderprediger.

Ich möchte Sie fragen: Können Sie mit „Nachfolge“ irgendetwas anfangen?

Über alle Jahrhunderte suchten Kirche und Christen – Eremiten, Mönche, Franziskus, die Mystiker – dem Vorbild Jesu zu entsprechen. Unterschiedliche Stimmen werben für solche Änderung des Lebensstils. Wie reagieren Sie darauf?

Sagt Ihnen der Name Dietrich Bonhoeffer etwas? Gestorben ist der Pfarrer und Theologe 1945 als Märtyrer. Er veröffentliche 1937, in der Zeit des Kirchenkampfes gegen die NS-Ideologie, sein Buch „Nachfolge“. Im ersten Kapitel stehen beißende Sätze wie „Billige Gnade ist der Todfeind unserer Kirche. [...] Billige Gnade ist Predigt der Vergebung ohne Buße, [...] ist Gnade ohne Nachfolge, Gnade ohne Kreuz“ (S. 1f.).

Der Schluss des Kapitels fasst Jesu zukünftige Tätigkeit zusammen – wie Matthäus sie sah. Ein Gesamtbild wird umrissen. *Er zog umher in ganz Galiläa*. Er ist Lehrer in ihren Synagogen (da scheint Distanz zu seinem Judentum durch), *predigte das Evangelium von dem Reich und heilte alle Krankheiten*. Das soll sich einprägen.

Heilen – können Sie sich vorstellen, dass Jesus wirklich Krankheiten verschiedener Art geheilt hat? Die Meinung dazu hat sich ja geändert. Charismatisches Einwirken, die Geisteskraft für Körper und Seele, ist im allgemeinen heute nicht mehr fragwürdig. Dämonisierte, Nachtwandler, Gelähmte nehmen Hilfe aus dieser Dimension in Anspruch. Der Messias Israels wandte sich denen zu, die hilflos dahin lebten.

Wie Rembrandt es auf seinem „Hundertgüldenblatt“ zeichnete, wird das Echo beschrieben, das Jesu Wirken hatte. Stellen Sie sich den Zustrom vor: Gesunde und Behinderte gleichsam in praktizierter Inklusion. *Und es folgte ihm eine große Menge.* Aus allen Ecken des Landes kam man zu ihm; das „heidnische“ Syrien, wo die Matthäus-Gemeinde saß, wird extra erwähnt. Alle sind „Nachfolger“. Eben noch wenige Jünger, ist die Anhängerschaft fast zur Kirche angeschwollen. Dieses Bild steht nun über dem, was die nächsten Abschnitte bis Kapitel 19 bestimmen wird. Erfolg wird sich mit Zweifel und Widerstand mischen.

Biblische Wissensbildung, öffentliche Reden über religiöse und soziale Zustände und Gesundheitshilfe in unterentwickelten Gebieten könnte man seine Arbeitsgebiete nennen. Haben Sie den Mann aus Nazareth schon einmal so angesehen? Die nächsten Kapitel werden die drei Dimensionen ausführlich entfalten.

V. Heilrufe

Die Seligpreisungen der Bergpredigt, Kap. 5,3-12

1 Als er aber das Volk sah, ging er auf einen Berg und setzte sich, und seine Jünger traten zu ihm.
2 Und er tat seinen Mund auf, lehrte sie und sprach:
3 Glücklich sind die im Geist Armen; denn ihrer ist das Himmelreich.
4 Glücklich sind die Trauernden; denn sie sollen getröstet werden.
5 Glücklich sind die Freundlichen; denn sie werden die Erde besitzen.
6 Glücklich sind, die da hungert und dürstet nach der Gerechtigkeit; denn sie sollen satt werden.
7 Glücklich sind die Barmherzigen; denn sie werden Barmherzigkeit erlangen.
8 Glücklich sind die im Herzen Reinen; denn sie werden Gott schauen.
9 Glücklich sind die Friedenstifter; denn sie werden Gottes Söhne genannt.
10 Glücklich sind, die um der Gerechtigkeit willen verfolgt werden; denn ihrer ist das Himmelreich.
11 Glücklich seid ihr, wenn euch die Menschen um meinetwillen schmähen und verfolgen und reden allerlei Übles gegen euch, wenn sie damit lügen.
12 Freut euch und jubelt; denn euer Lohn ist groß in den Himmeln. Denn ebenso hat man verfolgt die Propheten, die vor euch gewesen sind.

Das in dieser Übersetzung (von U. Luz) gebrauchte „glücklich" entspricht dem von Luther gebrauchten „selig". An anderer Stelle heißt es „wohl dem".

Nach den vier Eingangskapiteln lässt Matthäus den „Messias des Wortes“ auftreten. Ihm war in der sogenannten Bergpredigt „ein literarisches Wunderwerk an Symmetrie, Balance und Geschlossenheit“ gelungen, so das Urteil von Ulrich Luz. Es handelt sich um sechzehn unterschiedliche kurze Predigtstücke, in denen Jesus als Lehrer spricht, und seine Worte schloss Matthäus an den Ruf an, der im vorigen Abschnitt als Inhalt der Jesuspredigt genannt war: Buße, Änderung in Gedanken, Worten und Werken. In drei Kapiteln wird die Predigt des Neuen geschildert.

Versuchen Sie doch, einen Überblick über die Anordnung des Ganzen zu bekommen. Die Bergpredigt beginnt mit einer Art Eingangschoral, der die Menschenfreundlichkeit Gottes aufleuchten lässt – erstaunliche Worte der Zuwendung zu armen und hilfsbedürftigen Leuten. Dann erst geht es um Forderungen. Jesus sagt, was er von seinen Jüngerinnen und Jüngern erwartet, und Matthäus verstärkte die Ethik, in der der göttliche Wille zur Tat werden muss. Nichts von den alten Geboten will er auflösen, im Gegenteil: Er fordert eine „bessere Gerechtigkeit“. Und genau in der Mitte des Ganzen steht der Abschnitt über das Bitten (mit dem Vaterunser), das die Zumutung dieser Ethik vorm Scheitern bewahrt.

Die Stimme Jesu ist unüberhörbar geblieben. Die Texte zeigen jedoch, wie sich das theologische Denken fortentwickelt hatte. Matthäus änderte das ihm Überlieferte. Schauen Sie einmal die „Feldrede“ bei Lukas an. Kap. 6,20-21 lesen Sie den ursprünglichen Text:

> *Ihr Armen, das Himmelreich ist euer;*
> *die ihr jetzt hungert, ihr sollt satt werden;*
> *ihr, die ihr jetzt weint, ihr werdet lachen.*

Provozierend parteiisch und ohne Bedingungen hatte Jesus sich dem Elend der Armen, Hungernden und Trauernden zugewandt. Lukas hielt sich daran. Matthäus aber muss in der zweiten Generation nach Tod und Auferstehung Erfahrungen gemacht haben, die ihn hinderten, einfach zu wiederholen, was für ihn einer alten sozialen Parole ähnelte. Er schliff von den Sprüchen, die Lukas tradierte, die soziale Spitze ab. Ihm lag daran, die Heilsworte zu verinnerlichen. Aus einigen Worten spricht sogar die Gefährdung durch billige Gesetzlosigkeit.

Zu unserem Text

Die beiden ersten Sätze des Abschnitts dürfen wir nicht überlesen. Jesus ging auf einen Berg, deswegen Bergpredigt; es wird ein Hügel gewesen sein. Das mag wegen der Volksmenge praktisch gedacht sein, lässt aber anklingen, dass Berge gerne als Orte von göttlicher Nähe betrachtet werden. (Jesus wird mehrfach aus besonderem Anlass einen Berg aufsuchen.) Das Volk war da, die Jünger traten in den inneren Kreis zu Jesus. Deutlich hebt sich die Szene aus dem Alltäglichen heraus. Dann: *Er tat seinen Mund auf und sprach.* Die Umstehenden erwarten nun Besonderes. Man meint, aufmerksame Stille zu spüren. So das Matthäusbild.

Dann wird das *Evangelium von dem Reich* entfaltet, von dem vorher die Rede war (4,23). Und den Auftakt machen die *Seligpreisungen*, neun an der Zahl, dichterisch geformt. Aufgerufen werden neben denen, die Lukas nannte, die Täter des Guten. Man kann das als „Programm der Religion Jesu" verstehen.

Ich meine zu sehen, dass zwei unterschiedliche Gruppen angeredet wurden. Eine Gruppe (Verse 3.4.6.10) waren Bedürftige unterschiedlicher Art.

▪ Die erste Preisung wird das Matthäus-Buch bestimmen. Ein unvergesslicher Spruch. Als Erstes wird an die Armen gedacht. Wen aber meinte Matthäus mit der auffällig hinzugesetzten Bemerkung: *die in [ihrem] Geiste Armen* (Luther: *die da geistlich arm sind*)? Ich denke, er hatte Menschen vor Augen, denen aufgrund ihrer begrenzten Möglichkeiten und ihrer Lebensumstände jegliche Hoffnungsperspektive fehlte. Jesus bringt diesen „Verlorenen“ Wertschätzung entgegen, wärmende Zuwendung. Man meint, ein staunendes Aufatmen zu hören. Etwas, dass sie nicht mehr für möglich gehalten haben, dringt an ihr Ohr. Jetzt wird alles anders. *Denn ihrer ist das Himmelreich* (beachten Sie den Gebrauch des Präsenz!). Wie das?

Machen Sie sich bitte die Situation klar. Hier wird nicht ein schöner Satz vorgelesen, hier geschieht etwas. Denn das Himmelreich ist keine Vertröstung. Die Jesusgemeinde steht ja mitten drin, sie, die schon hineingeholt wird in das Neue, das Jesus brachte. So ist es: Das Wort gilt zuerst den Armen, und dann bewegt es die Jünger, diese Armen zu beachten und sie in ihre Mitte zu nehmen. Die Gnade des göttlichen Heils und die Ethik der Jüngerschaft sind eng miteinander verknüpft.

▪ *Die da Leid tragen [...] werden getröstet werden*. Bewegend, keine Trostlosigkeit mehr. Dachte Matthäus an Tröstung in der neuen Welt, oder sah er dabei auch die, die hilfsbereit auf Leidende zugingen? Worüber trauerte man? Sicher bereitete der Gemeinde der Streit mit den Glaubensgenossen viel Kummer. Doch es gab und gibt innere oder körperliche Anlässe genug, auf Trost im Heutigen oder im kommenden Himmelreich zu hoffen.

▪ *Die da hungert und dürstet nach der Gerechtigkeit [...] sollen satt werden*. Matthäus beschrieb genau, um was es ihm ging: Nicht um pure Hungerei. Gepriesen wurden die, die es nach der Gerechtigkeit verlangt – diese Konkretion auf ein Grundbedürfnis der Gotteserwartung hatte Matthäus mehrfach herausgestrichen. Das Recht-Suchen schließt entschiedenes Verhalten ein. Auch die Sehnsucht derer, die in Politik und Geschäftswelt unter menschenfeindlicher Ungerechtigkeit leiden, soll gestillt werden. So werden Zeichen einer neuen Erde gesetzt.

▪ Der *Verfolgten* wird gedacht. Das spiegelte deutlich die Lage wider, in der sich die Matthäus-Gemeinde befand. Matthäus musste hier präzisieren, denn es gab wohl recht unterschiedliche Verfolgungsgründe. Deswegen also: Die *um der Gerechtigkeit willen* verfolgt werden. Die Gemeinde trat für Märtyrer ein, die sich für das Recht einsetzten. Bei Zwangsmaßnahmen wichen sie nicht zurück. Der Glücksruf bezog sich vor allem auf örtliche Christenverfolgungen – wegen Gerechtigkeit meint auch, wie im folgenden Vers, *um meinetwillen*. Jesus nahe zu kommen, sein Schicksal zu teilen, bedeutete nicht Unglück, sondern unbedingte Sinnerfüllung, Sie folgten dem Meister nach, der sie überzeugt hatte. So konnte der Glaube schwere Schicksale deuten. Wieder wird das Präsens gebraucht, auch wenn die Sicht nach vorne offen ist. *Ihrer ist das Himmelreich*. So wird es sein. Der Schluss wiederholt damit den Anfang; die Hoffnung auf das kommende Reich gibt den Preisungen ihre zusammenhaltende Klammer.

Mich erinnert die Reihe an die „Gemeinschaft der Heiligen“, die an der Westwand der Katharinenkirche in Lübeck steht. Ernst Barlach und Gerhard Marcks schufen diese eindrücklichen Figuren.

Von der anderen Gruppe ist in V. 5.7-9 die Rede. Angesprochen und herausgehoben sind Täter – Menschen, die besänftigen, langmütig mit Schuldigen umgehen, nicht korrumpierbar sind und Streitigkeiten schlichten können. Sie dienten der Gerechtigkeit, indem sie die religiösen Impulse Jesu in die weltliche Geschäftigkeit einbrachten. Es war aktives Warten auf das Reich. Die Preisung bestärkte es.

▪ *Die Sanftmütigen,* die Freundlichen. Das Versprechen hier klingt fast paradox. Sanfte werden gewinnen! *Sie werden das Erdreich besitzen.* Die Erde, und nicht nur Palästina, ist ihr Erbe. Verschiedene Möglichkeiten bieten sich für die Auslegung an. Nur darf nicht spiritualisiert werden – das Himmelreich ist die Erde, die kommt.

▪ *Die Barmherzigen,* die auf Leidende zugehen. Das verständnisvolle Engagement für die schwachen Schwestern und Brüder war Inbegriff jüdischer Liebeswerke. Für Hilfsbereite ist das Wort seit jeher leitend gewesen, die Diakonie lebt davon, und zusammen mit humanitären Gruppen hat es das Leid lindern können. Wer so handelt, wird das Gleiche im Endgericht erfahren.

▪ *Die rein sind im Herzen,* die nie darauf kämen, Schlechtes zu hegen. Sie wurden im Judentum oft gelobt, bei Matthäus wird ihnen ein außerordentliches Versprechen gegeben. In ihrer Lauterkeit *werden sie Gott schauen.* Was bisher nur Mose zuteil geworden war, wird ihnen als glücklich machendes Geschick zugesagt. Später hat die Mystik diese Erfahrung vertieft. Gottschau – die beseligende Nähe zum Unendlichen. An selbstbezogene Frömmigkeit war nicht gedacht. Herzensbildung hat Beziehungen nach außen.

▪ *Die Friedfertigen.* Gepriesen wird die Mutter, die den Familienstreit schlichtet, der Kriegsdienstverweigerer, der Diplomat, der den Weg aus der Krise findet. Seit der Verkoppelung von Staat und Kirche schien dieses Wort Christi zu oft nur als frommer Spielball benutzt worden zu sein. Entschiedene Pazifisten wie Mennoniten, Quäker, die „Zeugen Jehovas" oder wie Bertha von Suttner, kämpften dagegen, das Wort auf nur Privates zurückzuschneiden. Die Sensibilität der Gewissen wuchs. Aber wir bekamen Frieden, weil die Alliierten Hitler besiegten. Das Wort „Friedenschaffen ohne Waffen", hatte in den letzten Monaten der DDR seine Wirkung gezeigt. Aber, aber, aber ...

Das gar nicht so zarte Wort hat Bedeutung gewonnen, seit seine politische Dimension erkannt wurde. Die Seligpreisung der Friedensmacher verschmolz mit dem Gebot der Feindesliebe und dem Verbot der Vergeltung, und die Friedfertigkeit wurde selbst zum Gebot. Es wird höchst kontrovers diskutiert. Ist es erfüllbar unter den Bedingungen der modernen Gesellschaft? Die Entscheidung ist, mit angefochtenem Gewissen, nur zu wagen. Die Söhne Gottes genannt werden, müssen an den Vers denken: *Seid klug wie die Schlangen und ohne Falsch wie die Tauben.*

▪ Die Verse 11-12 sind später hinzugefügt. Sie geben Einblick in die anhaltende Auseinandersetzung zwischen Synagoge und Kirche; die Belästigung durch heidnische Gruppen macht ebenso zu schaffen. Direkt werden die Jünger angeredet: *Selig seid ihr, wenn euch die Menschen um meinetwillen schmähen und verfolgen*. Beschimpft und ausgestoßen werden um der neuen Religion willen, das musste ausgehalten werden. Die Gemeinde verstand das mit ihrem Glauben an Jesu Beistand – als Zeichen aufrechten Christseins.

Die Christenverfolgungen durch den Islamismus im Nahen Osten und in Afrika machen die Verse brandaktuell. Aber haben Sie selbst Mobbing „um seinetwillen" erlebt? In der Familie, der Arbeitsstelle, Ihre Kinder in der Schule?

Im Abschluss, nachdem von schwerer Belastung die Rede war, werden andere Gefühle laut. *Freut euch und jubelt.* So wurde das Selig interpretiert! In der leidenden Gemeinde muss ein eigentümliches Glücksempfinden gelebt haben. Sie stellte ihre Zukunft nicht in Frage; bewährter Glaube wird belohnt werden. Allerdings hat die evangelische Reformation die Lohnzusage (6,29 spricht vom Schatz im Himmel) weggedrängt. Im Judentum war sie üblich gewesen.

Seligpreisungen – ich höre das Lied von „Freude in allem Leide“. In welcher Stimmung hatte wohl die Matthäusgemeinde diesen Preisungspsalm (darf ich die Verse so nennen?) aufgenommen? In Erinnerung an Zeiten des Anfangs, als die Wiederkunft Christi bald erwartet wurde, oder galt nun der Mut des Vertrauens, der bereit war, durchzuhalten?

Wir wissen es nicht. Die Glücksrufe verlieren zu keiner Zeit ihren starken Klang. Ich hoffe, das können Sie nachempfinden. Man sollte ihn nicht nur spirituell verstehen. Der „Linksdrall“ Jesu (bestimmte Kreise würden so reden) ist bei Matthäus noch nicht vergessen. Was da Menschen zugesichert wird – Himmelreich und Erdreich, Sattwerden und Trost, sogar die Schau des Ewigen – steht quer zum Gewohnten. An eine Gegenwelt ist nicht gedacht, es sind Umrisse vorgezeichnet, die eine vergehende von einer neuen Welt trennen wird. Wird damit vollmundig die Wirklichkeit überspielt? Unsereins würde mit solcher Behauptung vorsichtig sein. „Gott“ mag für einige als ein Etwas gelten, das keine Auswirkung auf das Weltgeschehen hat. Die Vernunft mag dem Christen ins Ohr flüstern: „Der da oben kann nichts ändern.“ Der Glaube setzt dagegen: „Das Himmelreich kommt“, er denkt von Gott her auf Gott hin – von Schöpfung zur Vollendung.

Wie bewerten Sie diese inzwischen fast trotzige Behauptung, die Jesus da predigte? Sie war eine der Devisen, die in der Geschichte Revolutionen ausgelöst haben. Jesu Wirkung vollzog sich ohne Aufruhr, vollzog aber den Umsturz einer Religion. Ist die Verkündigung des Himmelreichs inzwischen zur Historie erstarrt oder wohnt in der alten Verheißung noch ein Potential, das sich ausschöpfen ließe? Zwar war die Enderwartung nicht wie erwartet eingetroffen, aber die Menschen entdeckten das versprochene Reich präsent in ihrer Mitte. Mit dem Heiligen Geist, der göttlichen Geistigkeit, war etwas da, das in den Menschen rumorte. Sein Denken veränderte das Umfeld, löste Kräfte aus, die der Einzelne nicht selbst zu produzieren vermochte, erregte auch Zweifel, vertrieb aber Negatives. Im Vorwege, von innen her, wurde für Zukünftiges gearbeitet – auch heute.

Ich lese dieses Poem mit seinen neun Zeilen so, dass es Menschen jeder Art Mut macht und sie sich dadurch nach vorn trauen. Das ist es doch, was Kirchen lebendig hält.

VI. Bitten um Himmel und Erde

Das Vaterunser, Kap. 6,7-13

9 So sollt ihr beten:
Unser Vater in den Himmeln!
9c Dein Name werde geheiligt.
10a Dein Reich komme.
10b Dein Wille geschehe, wie im Himmel,
(so) auch auf Erden.
11 Unser Brot für morgen gib uns heute;
12 Und vergib uns unsere Schulden,
wie auch wir vergeben haben unsern Schuldigern;
13 und bringe uns nicht in Versuchung,
sondern bewahre uns vor dem Bösen. (Übersetzung: U. Luz)

Das „Vaterunser" – die Perle des Evangeliums. Dank dem Matthäus! Wie viel auch immer er für die Gestaltung des berühmten Textes getan hat, jedenfalls hat er das „Herrengebet" in dieser Form publiziert. Seine Theologie und sein literarisches Sprachgefühl sind wirklich bemerkenswert. Die obige Übersetzung folgt dem Urtext.

Das Gebet hatte ursprünglich wohl nur fünf knappe Bitten, wie Lukas sie überliefert (11,2-4):

Vater! Dein Name werde geheiligt.
Dein Reich komme.
Unser tägliches Brot gib uns Tag für Tag
und vergib uns unsere Sünden;
denn auch wir vergeben allen, die an uns schuldig werden.
Und führe uns nicht in Versuchung.

Markus hat das Gebet nicht. Diese Blicke zu zwei anderen Evangelisten zeigen, dass es sich nicht um einen unantastbaren

„heiligen" Text handelt, der jedes Mal buchstäblich wiederholt werden musste. Matthäus überlieferte sieben Bitten und verstand sie als Herzstück seines Evangeliums. Darum die Platzierung in der Mitte der Bergpredigt. Er formulierte das Gebet rhythmisch und sprachlich gefüllter, seine Formung entstand offenbar im gottesdienstlichen Gebrauch.

Erfahrungen mit der Verkündigung Jesu und die Hoffnung auf Verwirklichung der Gottesherrschaft mögen die Textform mitbestimmt haben. Die Lage, in der sich die Jüngergemeinde befand, spiegelt sich in den Versen nicht.

Ursprünglich war das Gebet, von Jesus stammend, in der Sprache des Volkes aramäisch gesprochen. Es wuchs aus dem jüdischen Gebetsleben. Ihm fehlt aber das typisch Jüdische; an die Heilsgeschichte Israels wird nicht gedacht, und eine nationale Erwartung klingt nicht an. Die Anrede: *Vater unser*, wie es im lutherischen Gebrauch heißt, entspricht der griechischen und lateinischen Überlieferung. Die reformierte und ökumenische Form folgt dem heutigen Bibeltext: *Unser Vater im Himmel.*

Beten ist nicht leicht. Matthäus stellte Verse zusammen, mit denen Jesus zu einem Beten anleitete, das Gott angemessen ist. Das in nichtjüdischen Riten praktizierte Plappern will er nicht haben – in Papyri sind lange Listen mit Zauberformeln gefunden worden, die ängstlich den richtigen Gott zu treffen suchten. Heuchelei soll nicht sein, deswegen seine Weisung, dazu ins Kämmerlein zu gehen und abzuschließen.

Wieder lässt der Autor Jesus in souveräner Weise auftreten: *So sollt ihr beten.* Dann gibt er den Jüngern sein *Vaterunser*, bei Matthäus ist es ein allumfassendes Gemeindegebet. Wir können sein Selbstbewusstsein darin spüren: Der da spricht, ist sich der Erhörung des Gebetes gewiss. Für die Beter ist das *Vaterunser* voll drängender Erwartung.

Den vorliegenden Text bestimmt die Ich-Du-Beziehung. Wort und Antwort auf beiden Seiten – also nicht nur frommes Händefalten. Gott als Vater anzureden, profiliert den Gottglauben, von dem viele heute nur eine vage Vorstellung haben.

Zum Text

Eins vorweg: Bitte, lassen Sie das autoritäre Vaterbild, wie es in Familie, Beruf und Kirche üblich war, bei sich nicht hängen.

Wenn Sie das Vaterunser zu sprechen beginnen, bemerken Sie sicher die Doppelbedeutung. Unser VATER – so reden Kinder aus vertraulicher Nähe. UNSER Vater – so schließt das Gebet die Betenden mit anderen zusammen. Auch wenn Sie es für sich allein beten, verliert es den gemeindlichen Charakter nicht. Gerichtet sind die Worte an die höhere Wirklichkeit, die das Wort „Himmel“ zusammenfasst: „heaven“, nicht „sky“.

Das Gebet ist kurz und hat zwei Teile. Mit drei Du-Bitten, die Gottes Wesen und Werk ins Gebet nehmen, beginnt es.

Die 1. Bitte. Für Gott zuerst. *Dein Name werde geheiligt.* Eine verbergende Formulierung. „Name“ steht für Gott selbst, der jüdisch-christlich als personale Wirklichkeit aufgefasst wird und für den Menschen der Antike Machtgegenwart einschloss. Unter Juden wird aber der Eigenname *JHWH* nicht ausgesprochen, er könnte ja entehrt werden. Man ersetzte ihn mit „der Name“ oder „der Herr“ (was nicht Männlichkeit, sondern Herrschaft meint), und damit durfte Gott angeredet werden.

Wenn nun der Name geheiligt wird, wird dem Schöpfer, Erlöser und Weltrichter die ihm zukommende Ehre zuteil – diesem Name, der im Gegenteil immer wieder gedankenlos geschändet und beleidigt wird. Die Bitte richtet sich dringend zurück an uns!

Die 2. Bitte. Für seine Weltordnung. *Dein Reich komme.* Die Bitte blickt auf die endzeitliche Zukunft, die Himmelsherrschaft ist ja *nahe herbeigekommen.* Es ist, als unterstützten die Beter Gott in seinem Tun. Gebet auch dafür, dass das Wirken seines Sohnes bald zum Ziel komme. Ungeduldig erwartet die Gemeinde Zeichen dafür, dass ihre Hoffnung kein Traum bleibe.

Die 3. Bitte. Für Gottes Absichten. *Dein Wille geschehe, wie im Himmel, so auch auf Erden.* Diese Bitte hat nur Matthäus, sie entspricht seiner Theologie, die ein „Tatchristentum" forderte. Gott möge seinen Willen endgültig *auch auf Erden* durchsetzen, sein Wille soll getan werden. Wer soll aber nun handeln? Die Bitte wird nicht zuletzt dort erfüllt, wo Menschen sich um die Erfüllung des Gotteswillens bemühen. Gerade an diesem Gebet hängt eine ethische Konsequenz.

Unmittelbar daran geknüpft sind die vier gemeindlichen Wir-Bitten. Nachdem die Durchsetzung der göttlichen Macht erbeten ist, wird das elementar Menschliche bedacht. Denn Oben und Unten sind beim Beten nicht getrennt.

Die 4. Bitte. Die Vordringlichkeit. *Unser Brot für morgen gib uns heute.* So realistisch ist das Gebet. Der Hunger, das Verlangen nach täglicher Mahlzeit, wird gleichsam vorgezogen. Erbeten wird das Überlebenkönnen der Armen und Hungernden. Matthäus sah die soziale Bedrängnis im Lande, wo die Ernährung nicht gesichert war. Aus den Lebensbedingungen, die schon in den Seligpreisungen zum Ausdruck kamen, erwächst die Bitte. *Unser täglich Brot gib uns heute*, hat dann als Tischgebet seinen festen Platz im christlichen Alltag gefunden.

Die 5. Bitte. In Selbstprüfung. *Und vergib uns unsere Schulden* (Lukas spricht von *Sünden*; ein Sündenbekenntnis gab es noch nicht). Wie anders wäre Belastendes loszuwerden? Keiner kann sich selbst entschulden, doch der Vater wird barmherzig sein.

Beschämt weiß der Betende, wie bruchstückhaft all sein Tun ist. In bewegendem Vertrauen gibt das Matthäusevangelium der inneren Befreiung einen hervorragenden Platz. – Der Nachsatz ist auffällig: *wie auch wir vergeben haben unsern Schuldigern.* Vergebung erbittet also nicht der Einzelne nur für sich. Auch wir haben vergeben. Die Gemeinde bewährt sich in ihrer sozialen Struktur.

Nach dem, was wir inzwischen über Schuldige und ihre Opfer wissen, würde die Bitte konkretisiert werden müssen und lauten: „Vergib uns Tätern unsere Schuld – wie wir Opfer vergeben unseren Tätern." Wie schwer lässt sich das Geflecht von Schuld und Vergebung auflösen! Ist es nur möglich, indem allen ernstes Jesu Vorbild gefolgt wird? Macht es erst die Anrufung der göttlichen Hilfe möglich, was menschlich oft unzumutbar scheint?

Die 6. Bitte. Um Angstfreiheit. *Bringe uns nicht in Versuchung.* Menschen sind nicht so stark, als dass sie sich gegen geheime oder offensichtliche Übermacht schützen könnten. Sollte die Bitte nur endzeitlich gedacht sein, stehen die Drangsale der Endzeit vor Augen? Auch taucht die Frage auf, ob Gott in Versuchungen selbst die Hand im Spiel hat. Seine Führungen behalten ihre Rätsel. Blicken Sie auf die Versuchungsgeschichte zurück, die transparent für die existentielle Bedrohung ist. Die Beter flüchten vom verborgenen Gott zu seiner offenbaren Barmherzigkeit. Martin Luther versuchte im Kleinen Katechismus das Dunkel aufzuhellen: „Gott versucht zwar niemand, aber wir bitten in diesem Gebet [...], dass wir doch endlich gewinnen und den Sieg behalten."

Die 7. Bitte. Für ein endgültiges Freisein. *Erlöse uns von dem Bösen.* Nur bei Matthäus steht dieser Vers. Die Mehrzahl der Text-Parallelen sagt „das Böse", nicht „der Böse". Die Beter wissen von der Gewalt des Bösen, die die Unbeschwertheit des Lebens dauernd gefährdet. So wird aus immer wieder versuchlicher Bedrückung ein Notruf um Befreiung abgesetzt. Er wiederholt übrigens den Sinn der zweiten Bitte. Hoffnung beschließt das Vaterunser.

Vermissen Sie den abschließenden Lobpreis? Gebete damit zu beenden, gehört zwar in den jüdisch-christlichen Gebrauch, wird jedoch erst später in den Handschriften des Neuen Testaments erwähnt. So folgt in der katholischen Liturgie nach der letzten Bitte, vom Priester gesprochen, eine kurze Erweiterung, um dann mit der Rühmung zu enden.

Jesus lehrte beten. Zur Einübung gab er Jüngern und Jüngerinnen ein Vorbild-Gebet. Es hilft, weil Beter ein Gefüge für ihr Bitten bekommen. Gedanken haben Sprungfedern, das kennen Sie wohl. Bitten wollen aber Fenster sein, durch die Sie während des Bittgangs hindurch sehen können auf Sorgen, Menschen, Pläne, lange Vergessenes, Hoffnungen. Man steigt aus dem aus, was da vorgesagt wird, denkt nach und denkt voraus, um dann spätestens zum Amen wieder zurückzukommen. Beten ist ein wunderbarer Umgang mit der eigenen Seele. Damit richtig umzugehen, will also Jesus Ihnen beibringen. Sie können es ja probieren.

Matthäus führt Sie in das Vaterunser hinein. Wer es betet, muss über die eigenen Wünsche hinaus blicken. Es ist ein weiter Raum, ist er für Sie zugänglich? Dort lernt man die Verlässlichkeit des Vaters kennen oder erbittet sie neu. Schenken und Fordern kommen auf einen zu. Bewusst gesprochen, bringt es die Beter in unmittelbare Nähe zu dem, der es gelehrt hat – ein Christusgeschehen, das Ihre ganz eigene Erfahrung sein wird. Ja, Sie würden spüren, wie Sie hier Gott einen Dienst tun. Sie bitten zuerst für IHN. Das kleine Ich soll warten.

Für die Christenheit wurde das Vaterunser ein Schatz: „Das Gebet, das die Welt umspannt", wird es genannt. In ihm wird die Ökumene Wirklichkeit. Die westliche Liturgie hat es zum Tischgebet in der Abendmahlsfeier gemacht oder es fest in die Schlussliturgie eingebunden. Meist ist es üblich, dass die Gemeinde es stehend betet. Ich las: *Gebet ist nicht Flucht aus der Praxis, sondern ihre Innenseite.*

Übrigens: Sie werden Bert Brechts „Mutter Courage und ihre Kinder" kennen, die Szene, wo in der Gefahr die Bauernfamilie auf die Knie fällt und das Vaterunser betet. Die stumme Kattrin aber klettert mit ihrer Trommel aufs Dach, um zu warnen.

VII. Christliches Verhalten, ein Beispiel

Vom Nicht-Sorgen, Kap. 6,25-34

25 Darum sage ich euch:
Bekümmert euch nicht um euer Leben, was ihr esst
oder was ihr trinkt,
auch nicht um euren Leib, was ihr anzieht!
Ist nicht das Leben mehr als die Nahrung
und euer Leib mehr als die Kleidung?
26 Schaut auf die Vögel des Himmels:
Sie säen nicht und ernten nicht und sammeln nicht
in Scheunen, und euer himmlischer Vater ernährt sie.
Seid ihr nicht mehr als sie?
27 Wer unter euch kann seiner Körpergröße eine einzige Elle
zusetzen, indem er sich bekümmert?
28 Und was bekümmert ihr euch um eure Kleidung?
Beobachtet die Lilien des Feldes, wie sie wachsen:
Sie mühen sich nicht ab und spinnen nicht.
29 Ich sage euch aber:
In aller seiner Herrlichkeit war Salomo nicht angezogen
wie eine von diesen.
30 Wenn aber Gott das Kraut auf dem Feld so kleidet,
das heute ist und morgen in den Ofen geworfen wird,
sollte er dann nicht viel mehr für euch tun,
ihr Kleingläubigen?
31 Bekümmert euch nun nicht, indem ihr sagt:
Was sollen wir essen? Was sollen wir trinken?
Was sollen wir anziehen?
32 Nach all dem trachten nämlich die Heiden.
Euer himmlischer Vater weiß ja, dass ihr das alles braucht.

33 Trachtet zuerst nach dem Reich (Gottes)
und seiner Gerechtigkeit,
und das alles wird euch hinzugegeben werden.
34 Bekümmert euch also nicht um das Morgen,
denn das Morgen wird sich um sich selbst bekümmern.
Es reicht, dass jeder Tag seine eigene Plage hat.
(Übersetzung: U. Luz)

Der Text steht in der zweiten Hälfte der Bergpredigt; Lukas hatte das Thema an anderer Stelle eingeordnet. Vorher war über das liebe Geld gesprochen worden. Kritisch fiel das Wort „Mammon". Der schöne Satz: *Denn wo dein Schatz ist, da ist auch dein Herz* findet sich in diesem Zusammenhang. Der Text zeigt, wie die Bergpredigt lebenspraktisch ausgerichtet ist.

Der Aufbau ist auf den ersten Blick schlecht zu übersehen. Er hat zwei Sorget-Nicht-Teile (25-26 und 28-30) und eine Zusammenfassung (31-33). V. 27 ist ein Einschub, V. 34 ein Nachtrag. Die Sprüche mögen simpel aussehen; wie auf einem Kalenderblatt, sagen Sie? Vergessen Sie nicht, dass Sie einem ganz anderem Milieu zugehören und berücksichtigen Sie, unter welchen ökonomischen Bedingungen die Menschen damals lebten!

In der ihm eigenen Autorität beginnt Jesus zu reden: *Darum sage ich euch*. Der Abschnitt schließt an die Kritik aller Habgier an, die vorhergeht und macht die Existenzangst, die Vertrauen zerstört, zum Thema. *Sorgt nicht um euer Leben*. Wird etwas angeordnet, ist das ein Ratschlag? Jedenfalls sollen Hörerinnen oder Hörer mitdenken und überlegen. *Ist nicht das Leben mehr als die Nahrung?* Der Sinn ist klar: Macht euch nicht selbst verrückt.

Zum Verständnis würde es helfen, wenn Sie den inneren Zusammenhang mithören würden. Unser Abschnitt hängt eng an dem, was in Kap. 10 den Jüngern aufgetragen wurde. Jesus verlangte von ihnen radikale Besitzlosigkeit. Unbelastet sollten sie durch die Dörfer ziehen, als Wandermissionare. Das furchtsame Sorgen würde die Gefährten abhängig machen. Und noch mehr: Jesus war davon überzeugt, dass falsches Sorgen für das Glaubensverhältnis wie ein übler Spaltpilz wirken kann – ein Knäuel von Fürsorge und Vorsorge, Verantwortung für Sicherheit, aber auch Zittern vor Verlusten. Die Leser kannten wohl ihre Anteile an dem, was Herz und Seele belastet. Dagegen richtet sich dieses Stück Predigt. Ich könnte sie als Therapieanweisung ansehen. Für den Gemeindepastor Matthäus war es, seelsorgerlich, die bessere Ökonomie.

Die Worte der Weisung müssen entfaltet werden. Jesus gab also Argumente, für seine Beispiele war er berühmt, nicht wenige sind sprichwörtlich geworden. So auch hier: Den Männern sah er bei der Arbeit zu, wie sie säen und ernten und die Scheunen füllen, und nimmt dagegen *die Vögel unter dem Himmel* als Beispiel für die *Fürsorge des himmlischen* Vaters. Die Frauen hörte er über Modefragen reden, und *die Lilien auf dem Felde*, die nicht emsig spinnen, sind doch schöner gekleidet als *Salomo in aller seiner Herrlichkeit*.

Und wenn Gott schnell welkendes Gras schmückt, wird er dann *nicht viel mehr für euch tun, ihr Kleingläubigen?* Mit kleiner Übertreibung und Witz und einem ironischen Vorwurf forderte Jesus Reaktionen heraus: In all eurem Alltagsgeschäft, ihr Jüngerinnen und Jünger, vergesst nicht, dass ihr den Größeren mitsorgend über euch habt. (Eine spätere Stimme fügt hinzu: Lebensverlängerung geht doch nie.)

Die Gemeinde soll Gottvertrauen lernen, es erlaubt Gelassenheit. *Euer himmlischer Vater weiß, dass ihr all dessen bedürft*. Nur in diesem Rückbezug sind Jesu Worte sinnvoll und erlaubt. Der Schöpfer und Erhalter macht es möglich, das Sorgen – groß oder klein – an die Seite zu drücken. Nehmt ihr den Vatergott ernst – ihr Armen und ihr Reichen? Was, wie Sie wissen, nicht einfach mit einem Gesangbuchvers getan ist. Sich nur auf sich selbst zu verlassen und dann von Sorgen gequält zu werden, wäre typisch für *Kleinglauben* (ein schönes Wort für aufgesplitterten Glauben).

Ich schaue auf die Herkunft des Textes. Jesus und die Redequelle thematisierten sowohl Habgier als auch die Distanz zum Besitzstreben. Die matthäische Fassung hat die Forderung allerdings an den väterlichen Gott geknüpft; zweimal weist sie darauf hin. Dieses Vertrauensverhältnis lässt das Sorgeverbot nicht zum Gesetz werden.

Die Zusammenfassung V. 31-33 bringt den Kern der Rede: *Trachtet zuerst nach dem Reich Gottes.* Das Jesuswort schlägt einen Weg vor. Zuerst ist das Reich im Auge zu behalten. „Trachten“ heißt „absichtsvoll suchen“, das Reich meint den Lebensbereich, in dem das Handeln, das Gott und Menschen dient, absoluten Vorrang verdient. Die Bergpredigt wollte eine Lebenspraxis einprägen, die sich markant von der Umwelt unterschied. Kein Sorgen wie es bei den Heiden, den (jüdisch gesehenen) „Ungläubigen“, praktiziert zu werden scheint. Matthäus sprach oft von der Gerechtigkeit des Reichs Gottes, und meinte damit das, was dem Bund entspricht, den Gott mit Israel zum Heil geschlossen hatte (leider können wir mit den Grundwörtern der Bibel nicht mehr gut umgehen). Der Glaube ordnet sich dabei aktiv in die Verlässlichkeit Gottes ein. Weltflucht würde die Suche nach dem Reich ausschließen. Wie eine wohltuende Entlastung wirkt, was Jesu Stimme abschließend sagt: *So wird euch das alles zufallen.*

Im Schluss meldet sich eine andere, weise Stimme. Sie interpretiert die Jesusworte aus praktischer Erfahrung. Mit denen verträgt sich die radikale, theologisch gewichtige Forderung Jesu zwar nicht. Doch ihr Realismus erleichtert. Die Wirklichkeit ist vorher nicht zu übersehen, deshalb kein Kampf gegen möglicherweise aufkommende Sorgen. Leicht ist es sowieso nie: *Jeder Tag hat seine eigene Plage* und *der morgige Tag wird für das Seine sorgen.*

Vielleicht hatten Sie die Beispiele über das Sorgen rührend schlicht gefunden. Tatsächlich hatten die den Text umstritten gemacht. Er wurde zum Inbegriff für die Naivität des Christentums. Ahnungslos stünde die Kirche vor den Problemen der Wirtschaft. Wo sollten die Bibelworte denn gelten? Betrafen sie nur die unverheirateten, umherziehenden Jüngerinnen und Jünger, durften die Weisungen domestiziert werden, indem die römische Kirche den Mönchen und Priestern die Besitzlosigkeit vorschrieb, den Laien aber die Regeln ermäßigte? Heißt es, nur die Seele von unruhigen Sorgen frei zu halten, und für Arbeit und Beruf gelte das Gesetz der Welt?

Wieder zwingt Sie der Text zur Auseinandersetzung. Er enthält Schwierigkeiten, mit denen das Christentum zu tun hat – wie es war und wie es ist. Der Abstand zwischen Christen und Anders-Religiösen ist heute selten auszumachen. Die Leistungswelt scheint alle zu Absicherungen zu zwingen, Vorsorge macht jung und alt nervös, und „Gott“ scheint zur ökonomischen Beratung wenig herangezogen zu werden. Gepredigt wird über das Thema zwar alle sechs Jahre, aber auch Christenmenschen zeigen in Ehe-, Erziehungs- und Berufsverhältnissen öfter nicht mehr als ein löchriges Grundvertrauen, Kleinglauben eben.

Aber Veränderungen zeigen sich. Es beginnt sich, mehr oder minder, das Bewusstsein durchzusetzen, dass der Mensch nicht alles absichern kann. Und die Bergpredigt mit ihrem „Sorget nicht“ gewinnt, wo man das bedenkt, an Aktualität. Der poetische Klang ihrer ländlichen Bilder von den Vögeln unter dem Himmel und den Lilien auf dem Felde wird nicht mehr als naiv belächelt, und der Mehrwert dessen, was Leben im Eigentlichen ausmacht, verdrängt dann das banal-ökonomische Sorgen, so klug es auch scheint. „Gottvertrauen“ kann einigen reichlich altväterlich vorkommen, ich halte es für zeitlos. Es gehört in die Mitte der evangelischen Freiheitsbotschaft.

VIII. Glaube eines Fremden

Der Hauptmann von Kapernaum, Kap. 8,5-13

5 Als aber Jesus nach Kapernaum hineinging, trat ein Haupt-
mann zu ihm; der bat ihn
6 und sprach: Herr, mein Kind liegt zu Hause und ist gelähmt
und leidet große Qualen.
7 Jesus sprach zu ihm: Soll ich denn kommen und ihn gesund
machen?
8 Der Hauptmann antwortete und sprach: Herr, ich bin nicht
wert, dass du unter mein Dach gehst, sondern sprich nur ein
Wort, so wird mein Kind gesund.
9 Denn auch ich bín ein Mensch, der Obrigkeit untertan, und
habe Soldaten unter mir; und wenn ich zu einem sage: Geh
hin!, so geht er; und zu einem andern: Komm her!, so
kommt er; und zu einem andern Knecht: Tu das!, so tut er's.
10 Als das Jesus hörte, wunderte er sich und sprach zu de-
nen, die ihm nachfolgten: Wahrlich, ich sage euch: Solchen
Glauben habe ich in Israel bei keinem gefunden!
11 Aber ich sage euch: Viele werden kommen von Osten und
von Westen und mit Abraham und Isaak und Jakob im Him-
melreich zu Tisch sitzen;
12 aber die Kinder des Reichs werden hinausgestoßen in die
Finsternis; da wird sein Heulen und Zähneklappern.
13 Und Jesus sprach zu dem Hauptmann: Geh hin; dir ge-
schehe, wie du geglaubt hast. Und sein Kind wurde gesund
zu derselben Stunde.

Nach der Bergpredigt beginnen bei Matthäus die Geschichten. Nach dem Messias des Wortes tritt in Kap. 8 und 9 der Messias der Tat auf. Wieder hat der Text eine doppelte Dimension. Er lässt durchscheinen, was in der Gemeinde mit Jesus erlebt worden war. Jesusgeschichten sind Erfahrungsgeschichten, in denen sich die Christen jeder Zeit wieder finden.

Matthäus setzte dort ein, wo er in Kap. 4,23-25 endete (Lukas platzierte den Abschnitt an eine andere Stelle und verschob die Akzente).

Diese Komposition, mit der Matthäus seine Geschichten einleitete, finde ich auch theologisch genial. Zuerst wird einem total ausgegrenzten Unberührbaren geholfen; darauf erzählt Matthäus, der Judenchrist, davon, wie die Bitte eines Nicht-Juden erfüllt wird. Die Heilung von zwei bösartigen Besessenen folgt gleich. Dreimal ist unterstrichen, wie Matthäus Jesu „frohe Botschaft" verstanden wissen will.

Zum Text, den ich wieder erzähle

Nach der Bergpredigt wanderte Jesus noch einmal zurück nach Kapernaum, seinem Wohnort. Ein Fremder tritt auf ihn zu, ein Centurio.

Stand er in römischen Diensten oder beim jüdischen König, wir wissen es nicht. *Herr*, redet er Jesus an, wie es üblich ist. Später – zu Matthäus' Zeiten – werden die Leser in dieser Anrede schon den Heilandstitel vernommen haben. Was will er? Eine dringende Bitte: *Mein Kind* (so richtiger übersetzt), gelähmt, liegt unter Qualen zu Hause. Jesus schüttelte den Kopf, wieso soll er ihm Folge leisten?

Der Hauptmann respektiert den Vorbehalt eines Juden. Der Herr brauche ja nicht sein Haus zu betreten, nur ein Wirkwort, das würde den Jungen gesund machen. Jesus, der Heiler, das muss sich herumgesprochen haben. Die Bitte wurde – spiritualisiert – zum Gebet vor der Kommunion: „Herr, ich bin nicht wert, das du eingehst unter mein Dach, aber sprich nur ein Wort, so wird meine Seele gesund."

Ausführlich erklärt sich der Offizier. Er wüsste ja, was Befehlsgewalt sei. (In diesem Zusammenhang spricht er von seinem Knecht.) Jesus wundert sich, doch nicht als Zivilist, der militärisches Befehlenkönnen bestaunt. Er denkt an etwas anderes. Nämlich an das Vertrauen, dass dieser Mann in ihn gesetzt hat.

Eine kurze, aber betonte Rede richtet sich an das nachfolgende Volk. *Solchen Glauben habe ich in Israel bei keinem gefunden.* Erstaunlich! Ein Nicht-Jude beweise mit seinem Zutrauen Glauben – wie sonst keiner vom eigenen Volk. Das soll für die eigenen Genossen ein Anreiz sein. Ein Außenstehender wurde zum Vorbild.

Die Rede bekommt eine Fortsetzung. *Aber ich sage euch.* Eine Vision: Von allen Himmelsrichtungen, über Grenzen hinweg, sieht Jesus Menschen hinzuströmen. Es wird eine Mahlfeier geben, alle werden mit den jüdischen Urvätern an einem Tisch sitzen – im Himmelreich. Wunderbar!

Ein Satz folgt noch, ein hartes *Aber,* in dem aus Jesus eine Drohung herausbricht: *Die Kinder des Reichs* – Juden, die eigentlich dazu gehören, aber ablehnen – werden in die Finsternis ausgestoßen werden, wo kalter Schrecken herrscht. Archaische Verurteilungsbilder wurden gemalt. Welche Härte, welche Verängstigung! Ich lege dieses Wort erst einmal beiseite.

Pause.

Danach wendet Jesus sich zum Hauptmann. *Dir geschehe, wie du geglaubt hast.* Er hilft ohne Bedenken, entgegenkommend wirkt das. Sein Wille geschieht, die Wortmacht des Herrn ist voller Erbarmen. Knapp wird konstatiert, dass das Kind zur selben Stunde gesund wurde.

Das ist eine sehr menschliche Geschichte, die da überliefert wird. Dem Matthäus war sie wichtig. Denn in ihr steckte für ihn auch die Erlaubnis zum theologischen Fortschritt. Das wird bei all den Aspekten, die die Geschichte anreißt, nicht auf Anhieb klar. Reihen Sie doch einmal die Themen danach auf, was für Sie Vorrang hätte: Hilferuf eines Fremden, Integration des Außenstehenden, die Wunderfrage, die Glaubensfrage, die Zukunftsperspektive?

Ich beginne mit der Wunderfrage, die hat sich immer nach vorn gedrängt. Auf dem Feld kann jeder den Ich-weiß-alles spielen. Was ist nicht alles pro oder contra zum „Wunder" erklärt worden. Gesiegt hat seit der Aufklärung der Satz: *Wunderglaube ist passé*.

Ich hatte schon einmal gesagt: Bitte die „Wunder" richtig verstehen! Jesu Wunder sind in Szene gesetzte Predigten. Zudem war in der Antike solche Heilkunst gängig, und die Forschung von heute weiß von psychosomatisch wirkenden Kräften. Charismatiker sind keine Zauberer. Worum geht es bei den Wundergeschichten im Neuen Testament? Nicht auf Naturgesetze ist die Aufmerksamkeit zu richten, sondern auf Erfahrungen mit Leiden, Bedrohung, Blindheit. Nicht das Naturgesetz, sondern eine bedrohende Macht wird gebrochen. Heil, Hilfe und Ganzheit treffen ein, wenn Jesus hilft. Die Realität einer Erfahrung, die nicht für möglich gehalten war, bleibt Zentrum der Geschichten.

Jesus konnte Böses austreiben, er hatte die Gabe zu heilen. Exorzismus und Heilung sind bei ihm Befreiungshandlungen. Seine Absicht war, Abgeschriebenen – und die Religion tat das Ihrige zur Ausgrenzung – wieder ein volles Lebensrecht zurückzugeben. Das ist das Wunder; es zeigt die neue Welt, in der Jeder und Jede anerkannt ist. Sie merken: Die Wirkung im Körperlich-Seelischen und die theologische Deutung bedeutet mehr als Vergeistigung.

Jesu Umgang mit dem Fremden sehe ich als das Außerordentliche dieses Textes. Helfen gegen alles gesellschaftlich Erlaubte, ohne dass Bedingungen gestellt werden, ja, ohne jede Abfrage vom Bekenntnis. Damit ist in der Geschichte der Impuls für den historisch wichtigen Fortschritt zu erkennen, den Matthäus unterstützte.

Bei Matthäus ist der Centurio wie die Magier der Geburtsgeschichte einer der Erstlinge in der neuen Religion, die weltoffen sein wird. Völkische Grenzen werden geöffnet. Sie müssen sich das als umstürzend vorstellen, übrigens mehr als Zumutung, weniger als freudige Bejahung. Bei der Begegnung mit der kanaanäischen Frau (15,21ff) wird das noch deutlicher, weil Jesus da seine jüdischen Vorbehalte gegen eine Ausländerin überwinden muss und selbst über die Grenze hinausgeführt wird. Aber schon unsere Geschichte hat Signalcharakter. Sie ist eine Verheißungsgeschichte für die, die ferne stehen. So deuten sich bereits hier beginnende Erfahrungen der Kirche an: in der Begegnung mit „Heiden“ und Fremden. Bis heute bleibt das Hoffnung und Verpflichtung.

Noch etwas gehört dazu. Wie kann Jesus so unbegrenzt von Glauben sprechen? Bedingungslos handelt er ja nicht. Der Hauptmann setzte sein Vertrauen auf die heilende Macht Jesu, und eben dafür steht der Begriff „ Glauben“. Ihm glauben, steht für das Wagnis einer Lebensbeziehung. Mit kopflastigem Fürwahrhalten hat das nichts zu tun. So oft im Evangelium dieses Wort vorkommt, ist es mit allem zu verbinden, was ein Leben ausmacht, mit Denken und Fühlen, Gewinnen und Verlieren, Schatten und hellem Licht.

Dann schwebt über der Geschichte noch die dunkle Wolke des Drohwortes über die *Kinder des Reichs*, die eigentlich dazu gehören sollten, aber die Jesusbotschaft ablehnen. Was ist da gemeint? Göttliche Verurteilung – dafür fehlt zu unseren Zeiten weithin jegliches Verständnis. Ich wage mich deshalb vorsichtig an eine Sinnfindung.

Da heißt es im Glaubensbekenntnis: Jesus Christus *sitzt zur Rechten [...] des allmächtigen Vaters, von dort wird er kommen, zu richten die Lebenden und die Toten*. Soll das ungültig sein, ist es nun unbrauchbar? Ich habe Freunde, die das in moderner Selbstverständlichkeit bejahen. Ich fragte sie: *Was würde sich in unserer Religion verändern, wenn es kein göttliches Urteil gäbe?* Zur Selbstprüfung, in der sich jeder wie vor einer höheren Macht zu verantworten hat, gäbe es keinen Anlass, Verbindlichkeit würde fehlen und die Hoffnung auf letztgültige Rechtsprechung wäre verloren. Ich denke, das Christentum würde sich lauwarm anfühlen.

Die Sache liegt noch tiefer. Wir treffen hier auf ein heftig umstrittenes Thema. Passen die Drohworte zu Jesus? Der schöne Gedanke „Gott ist die Liebe – und nur Liebe“ hat seine Anhänger; er ist einfach und eingängig. Ich müsste die Vorstellungswelt von damals schildern, die Erwartung der Endzeit und die Beunruhigung, die die Menschen erfasst hatte. Schon Johannes der Täufer predigte vom künftigen Zorn und sah die Axt den Bäumen an die Wurzel gelegt. So war für Jesus Gericht und Heil nicht zu trennen. Es schmerzte ihn zutiefst, wenn sein Volk seine Botschaft nicht verstand. Der Konflikt mit den Pharisäern, die ihm nicht zu folgen bereit waren, kam dazu. Es war für ihn ein Trauma. Drastisch wird ausgemalt, welche Folgen es hat, Gottes gute Ordnung zu verspielen. Das bleibt überlegenswert.

Im Matthäusevangelium wiederholen sich Drohworte verschiedener Art. Die Warnung richtete sich später allgemein an die, die Christus ablehnten. Wir können den Ernst, der zur Predigt Jesu und zur Ethik der Gemeinde gehört, nicht beiseite schieben und müssen das Ungewohnte verarbeiten. Die Hoffnung auf barmherzige Vergebung steht auf einem anderen Blatt.

Aus anderer, heller Richtung hören Sie die Zukunftsvision mit dem grandiosen Bild der Gottesgemeinschaft. Verheißungsvoll leuchtet es auf. Von überall her werden Fremde über Fremde kommen, und im Himmelreich neben Abraham, Isaak und Jakob, den Erzvätern des Judentums, zur Tischgemeinschaft Platz nehmen. Das heißt: Das Werk Jesu wird gelingen; eine Perspektive, die bis ins Schlusskapitel reicht, wird aufgerissen: Aus Christengruppen wird eine Weltgemeinschaft werden. Ich denke, die Jünger-Gemeinde muss an Wunder geglaubt haben.

IX. Glaubensschwäche im engsten Kreis

Die Stillung des Sturms, Kap. 8,23-27

23 Und er stieg in das Boot, und seine Jünger folgten ihm.
24 Und siehe, da erhob sich ein gewaltiger Sturm auf dem
See, so dass auch das Boot von Wellen zugedeckt wurde. Er
aber schlief.
25 Und sie traten zu ihm, weckten ihn auf und sprachen:
Herr, hilf, wir kommen um!
26 Da sagt er zu ihnen: Ihr Kleingläubigen, warum seid ihr so
furchtsam? Und stand auf und bedrohte den Wind und das
Meer. Da wurde es ganz still.
27 Die Menschen aber verwunderten sich und sprachen:
Was ist das für ein Mann, dass ihm Wind und Meer gehorsam sind?

Sie bekommen noch ein „Wunder" erzählt, vom Messias der Tat sind deren acht zu finden. Die hier folgende Sturmstillung steht ähnlich auch bei Markus und Lukas. Doch jede hat ihre Eigenheit. Matthäus brachte sie verdichtet. Umso mehr wird Wichtiges betont.

Wenn auch die Evangelisten davon ausgehen, dass die Geschichte sich wie überliefert abgespielt hat, so hat sie in dem halben Jahrhundert nach Tod und Auferstehung einen neuen Sinn bekommen. Das Boot wurde inzwischen als Schiff der Kirche verstanden, und sicher dachte keiner dabei an einen Ausflugsdampfer. Gefährliche Stürme hatte die Gemeinde zu bestehen gehabt. Und – was bei Matthäus wichtig ist: Die Absicht zielt auf die Jünger. Werden sie in Schwierigkeiten durchhalten? Die Geschichte wurde also unter Aspekten erzählt, die die junge Kirche betrafen.

Da liegt das Boot am Ufer, Jesus steigt ein, *seine Jünger folgten ihm*. Die vier Worte stellen das, was folgt, unter das Thema Nachfolge – und hier hängen Gefährdung und Hilfe dran.

Und siehe: dann kommt Unwetter auf, *ein gewaltiger Sturm*, im Griechischen ein Beben, was ein Begriff der Endzeit-Schilderung ist. „Wasser" versinnbildlicht die Todesmacht. Ein Blick der Besatzung fällt auf Jesus: *Er aber schlief*. Unangefochten. Das beschreibt nicht Übermüdung, sondern Beherrschung, Herrschaft. So sehen ihn die Gläubigen – jetzt und immer. Jesus Christus lässt sich von aufgewühlten Mächten nicht stören. Wie Sie es schon kennen, ist wieder die Transparenz auf Immer-Gültiges zu beachten.

In ihrer Angst treten die Jünger auf Jesus zu, sie reden ihn beim Aufwecken mit dem Prädikat HERR an; der Gebetsruf: *Rette, wir vergehen*, wird laut. Matthäus formulierte eindrucksvolle Kurzsätze, die Szene schildert er wie in einem Gottesdienst, kultisch. So beteten Gemeinden in Krisenzeiten. „Wenn wir in höchsten Nöten sein", wurde 1566 in der unsicheren Reformationszeit gedichtet (Ev. Gesangbuch 366).

Wie reagiert Jesus? Seine Antwort kommt im Präsens. Die Leser erinnern sich an die seelsorgerliche Mahnung im Abschnitt über das Sorgen (6,25): *Sorget nicht um euer Leben*. Auch die Angst soll nicht sein: *Ihr Kleingläubigen, warum seid ihr so furchtsam?* Matthäus ging vorsichtig mit den Jüngern, also seiner Gemeinde, um. Anders als Markus und Lukas hatte Matthäus das Auf und Ab im Glaubensleben im Auge und legt Jesus das weniger scharfe Wort „Kleinglaube" in den Mund – damals ein ungewöhnlicher Begriff. Im Zweifeln kann das Vertrauen zu Gottes Nähe verloren gehen; gerade dann, wenn es sich bewähren müsste – und ein Eingreifen von oben bemerkt werden könnte. Dieses schwankende Verhalten machte

Matthäus Sorge. Es muss ihm typisch vorgekommen sein; er gebrauchte das Wort öfter.

Sie blicken hier in die Lage einer Gemeinde, die ihren Missionsauftrag nicht mehr überzeugend wahrnehmen kann!

Jesus fragt, dann steht er auf und agiert. Die tobenden Elemente bedroht er. Jesu Helferkraft zeigt sich öffentlich. Dass er schützend für seine Kirche da ist, ist für alle Gegenwart das Wunder. Auch seelische Erfahrungen von Einzelnen werden hier angerührt. Luther übersetzte gekonnt: *Da ward es ganz stille.*

Dann sind plötzlich die Menschen da und fragen. *Was ist das für ein Mann?* Der Evangelist lässt Menschen sprechen, denen seine Gemeinde das Evangelium verkündet. Sie wollen wissen, von wem da die Rede war. Diese Frage, die zur Begegnung mit ihm führen könnte! Die Hörer bzw. Leser hingegen, die bis hierhin gelesen hatten, wussten schon, wer der Mann ist.

Was ist die Aussage dieser Geschichte? Der Bericht von einem erstaunlichen Naturgeschehen ist mehrdeutig, Sie haben diese Struktur der Erzählungen schon kennen gelernt. Reales und Symbolisches liegen ineinander. Hier dienen die Bilder einer Sturmstillung gleichzeitig einer Rettungsgeschichte der Kirche. Und sie stellen einen bisher noch nicht genannten Aspekt des Christus vor: Er, der Herr des Kosmos. Seine Macht gebraucht er auch zur Hilfe gegen das Übermächtige. Doch wie kommt Hilfe? Jünger im untergehenden Schiff der Kirche bitten zu helfen, und ihr Gebet wird erhört.

Das Sich-verlassen auf Christi Gegenwart muss sich ständig in der Gegenwart bewähren. Bedenken Sie, dass vor noch nicht allzu langer Zeit die Kirche in Deutschland bedroht war – und der gegenwärtige Bedeutungsverlust hat auch eine erhebliche

Windstärke. Die Untersuchung der Evangelischen Kirche in Deutschland (EKD) von 2014 stellt fest, „dass ein gefestigter Unglaube zu einer selbstverständlichen Option der Lebensführung in Deutschland geworden ist“. Dass heute in fünfzig Staaten Christen verfolgt werden, verschärft das Bild.

Der individualisierte Christenglaube unserer Tage kommt offensichtlich wenig dazu, sich mit dem Schicksal der Kirche zu beschäftigen. Die scheint vielen nur eine übergeordnete Organisation zu sein. Für sie passt dann das Bild vom Kirchenboot nicht mehr richtig. Vielleicht erleben sie Gemeinsamkeit nur noch auf Kirchentagen. Es ist für die Institution Kirche eine ihrer Aufgaben, vereinzelten Christenmenschen ein Gefühl dafür zu geben, dass sie einer gemeinsamen Bewegung zugehören – egal ob sie Gleichgesinnte in privaten Zirkeln finden oder in der Ökumene treffen. Christliche Verschiedenheiten haben letztlich einen Kern, und ein Geist ist bestimmend. Wenn Matthäus versuchte, das abgeschwächte Verhältnis zu Glaube und Kirche zu korrigieren, fragen wir uns, wie uns das betrifft. Wer immer zu versinken droht, könnte sich auf seine Art wieder in ein kleines oder größeres Boot retten, und dann sogar nach Kräften mitrudern.

Gerne wurde vor noch gar nicht langer Zeit das Lied gesungen: „Ein Schiff, das sich Gemeinde nennt ...“ (1963, Ev. Gesangbuch, Nordelbischer Anhang, 612).

X. Zumutungen

Aus der Aussendungsrede, Kap. 10,34-39

34 Ihr sollt nicht meinen, dass ich gekommen bin, Frieden zu
bringen auf die Erde. Ich bin nicht gekommen, Frieden zu
bringen, sondern das Schwert.
35 Denn ich bin gekommen, den Menschen zu entzweien mit
seinem Vater und die Tochter mit ihrer Mutter und die
Schwiegertochter mit ihrer Schwiegermutter.
36 Und des Menschen Feinde werden seine eigenen Haus-
genossen sein.
37 Wer Vater oder Mutter mehr liebt als mich, der ist mei-
ner nicht wert; und wer Sohn oder Tochter mehr liebt als
mich, der ist meiner nicht wert.
38 Und wer nicht sein Kreuz auf sich nimmt und folgt mir
nach, der ist meiner nicht wert.
39 Wer sein Leben findet, der wird's verlieren; und wer sein
Leben verliert um meinetwillen, der wird's finden.

Es gibt Jesusworte, die sehr befremdlich wirken – wie die vorliegenden, die ich nicht überspringen will.

Den Zusammenhang des Textes sollten Sie im Auge behalten: Matthäus hatte vorher Einladendes vom Messias der Tat berichtet. Doch war da auch Gegenläufiges. Aus einer Stadt wurde der Prediger und Heiler ausgewiesen (8,34). Die Pharisäer, die Leute mit entschiedener Frömmigkeit, verstehen ihn nicht.

Darauf folgt bei Matthäus unmittelbar die Aussendungsrede, eine Zusammenstellung von Sprüchen, mit der Jesus seine zwölf Jünger zum Missionsdienst aussendet. Ohne Geld, nicht mit zwei Hemden, ohne Schuhe, nicht einmal einen Knüppel dürfen sie mitnehmen. So werden sie *wie Schafe mitten unter die Wölfe* geschickt. *Ihr werdet gehasst werden*. Am frühest möglichen Ort wollte Matthäus, dass von Auftrag, Gestalt und Geschick des Jüngerseins gesprochen wird. Das Besondere bei Matthäus ist diese Position im Buch, auch die Worte überlieferten Matthäus und Lukas verschieden. Trotz Schwierigkeiten ist anzunehmen, dass die Verse, die jetzt zu bedenken sind, auf Jesus zurückgehen. Vom Wesen Jesu wird dabei viel sichtbar.

Es beginnt mit einem Hammerschlag. *Ich bin nicht gekommen, Frieden zu bringen, sondern das Schwert*. Höchst verwirrend! Soll das Bild vom liebevollen Kinderfreund zerrissen werden? Ja, ja doch: Das Auftreten des Meisters entzündete Konflikte, darauf muss er die Ausgesandten vorbereiten. Hinter seinen Worten stehen Erfahrungen, die ihn lehrten.

Jesus mit seiner Freudenbotschaft – der Auslöser schlimmer Spannungen?

Das Evangelium rieb sich heftig mit Andersglauben. Die Jesusbotschaft, die Frieden will, verursachte Widerspruch, Ablehnung, Unfriede – das sind nicht einfach Kollateralschäden. Das Bild vom Kurzschwert ist erschreckend realistisch. *Denn ich bin gekommen, den Menschen zu entzweien mit seinem Vater und die Tochter mit ihrer Mutter und die Schwiegertochter mit ihrer Schwiegermutter*. Es wird zur Aufspaltung in Familien kommen, zu geistlichen oder sogar handgreiflichen Scheidungen und Kämpfen. Da waren die Clanbindungen, mit denen Jesus es zu tun bekam. Es ist die Entscheidungssituation, in der Entzweiungen entfacht werden. Sie wirken wie ein Schwert, das den Knoten durchtrennt – so weh es tut.

Jüngerinnen und Jünger müssen damit rechnen, dass die Sache, der sie sich verpflichtet hatten, zweischneidig ist. Von dem Gerede der Falschpropheten, die „Friede, Friede“ (Jeremia 6) rufen, soll sich keiner verführen lassen. Die Jesusbotschaft kann quer zu familiären und gesellschaftlichen Bindungen stehen. Das Neue, das er predigte, führte zum Bruch mit dieser Umwelt. Ehrenmorde in muslimischen Familien fallen einem dabei ein, und die Unversöhnlichkeit des Islamismus zeigt, dass das weithin friedliche Klima im westlichen Christentum alles andere als selbstverständlich ist.

Der nächste Satz: *Wer Vater oder Mutter mehr liebt als mich, der ist meiner nicht wert; und wer Sohn oder Tochter mehr liebt als mich, der ist meiner nicht wert.* So rigide konnte Jesus reden – Kompromisslosigkeit irritiert immer. Jesus wollte Leute bei sich haben, die sich ganz der Sache „Gottesreich" zur Verfügung stellen. *Bist du meiner wert, kann ich dich gebrauchen?*, fragt er. Mit Jesus zu gehen, schließt Halbheiten aus. In aller Schärfe legte er den Finger darauf.

Das Wort spitzt die Entscheidungsforderung des ersten Satzes zu. Der Konflikt in den Familien war besonders für die Jüngeren schwer durchzustehen. (Hier meint das Wort „lieben" die familiäre Bindung.) Jungen oder Alten stellte Jesus die Wertfrage: *Wie teuer ist dir das Vertrauen zu mir?* Damit wurde das Jüngerverhältnis auf den Punkt gebracht. Nicht, dass sich das eigene Ich ausliefern muss. Nur: Wenn die Jesus-Jünger durchs Land ziehen, soll sie nichts anderes als der Geist des Evangeliums bestimmen. Die Beziehung zwischen dem Meister und seinen Schülern soll klar sein. *Bei wem ist dein Herz?*

Die letzten beiden Verse: Der Blickpunkt hat sich verschoben. Es geht um die Konsequenz, die der Bruch im eigenen Leben mit sich bringt. *Wer nicht sein Kreuz auf sich nimmt und folgt mir nach, der ist meiner nicht wert*. Wieder die Frage: Willst du wirklich mitarbeiten? „Das Kreuz auf sich nehmen", ist ein starkes Bild, gebräuchlich bis heute. Gemeint ist das entwürdigende Kreuz, das zur Verurteilung zu schleppen ist. Jesus nachzufolgen, heißt das Gleiche. Es bedeutet, das Risiko der Verunsicherung, Verachtung oder Isolierung einzugehen, bereit, sich selber hintanzustellen. Verliere ich dabei meinen Lebenswert?

Jesus hatte darauf eine kompromisslose Antwort. Das ist ein Wort mit paradoxen Gegensätzen: *Wer sein Leben findet, der wird's verlieren; und wer sein Leben verliert um meinetwillen, der wird's finden.* Zwei Möglichkeiten, welche wird gewählt? Lohnenswertes Leben finden, möchten alle, das ist ein menschliches Ziel. Nur dachte Jesus in einer anderen Kategorie, dachte über das kurze irdische Dasein hinaus. Im letzten Gericht wird die intimste Wirklichkeit öffentlich, es wird vor dem „ewigen Leben" das letztentscheidende Urteil gefällt. Dann erst ist das Leben gefunden – gerade, wenn es bewusst um seinetwillen verloren ging (Matthäus fügte die Bemerkung hinzu).

So wog Jesus die Existenzfrage ab. Irdisches und ewiges Leben ist für ihn unteilbar. Bedenken Sie: Hier ist auch vom Martyrium die Rede (und damit wird etwas vom ursprünglichen, ungemilderten Sinn aufbewahrt). Nur scheinbar geht Leben auf dem Weg der Jüngerschaft verloren. Leben im Wegschenken, unbekümmert im Nicht-Festhalten-Wollen, auch um seinetwillen leidensbereit, all das wird sich letztlich als Gewinn herausstellen – sagten Jesus und Matthäus. Scheinbar verlieren zu können, ist eine Kunst der Jüngerschaft. Wo man vom Ganzen des Reiches Gottes etwas weiß, hat das Geltung. Im Abschnitt IV lasen Sie: *Selig seid ihr, wenn euch die Menschen um meinetwillen schmähen und verfolgen.*

Was denken Sie über das Jüngste Gericht und die Ewigkeit, diese Dimension, die uns fern gerückt ist? Uns fehlen ja die heute passenden Worte dafür. Die Aussicht auf Zukunft trägt genug bedrängende Fragen mit sich. Unsicherheit vor womöglich beschämender Enthüllung kann einen packen. Da kontrolliert und hemmt etwas in uns, wenn eine zu fällende Entscheidung „im Anblick der Ewigkeit“ zu bewerten ist. Wahres Leben zu finden, fordert ein bestimmtes Ja und Nein. Ein beschämender Gedankenblitz kann sich in einen hilfreichen Impuls verwandeln. Die rigorosen Jesusworte helfen da weiter als irgendwelche Ausflüchte.

Seinem christlich reagierenden Gewissen zu folgen, sich auf Seiten Jesu zu stellen, wird über das nur Private hinausgehen. Innerlichkeit wird Öffentlichkeit. Als Christ kommt man nicht an Deutlichkeit vorbei. In der Schule, im Betrieb kann man davor stehen, es wird zur Gewissensfrage unter Eheleuten. Unrecht und Elend rein passiv hinzunehmen, wäre eine Verengung. Denn es gilt der Grundgedanke eines aktiven Gehorsams gegenüber dem Dienst, den Jesus Christus erwartet – Momente, in denen die Entscheidung unausweichlich ist. Da war doch Abraham, der sein Vaterhaus verlassen und ins Unbekannte aufbrechen sollte. Früher wurde von Glaubensgehorsam gesprochen.

Matthäus setzte eine wagende Bereitschaft voraus. Das war für ihn das Grundschema der Nachfolge. Immer kann einem die schwere Seite des Christenlebens auferlegt werden. So hart das ist: Eine aktive Lebensform könnte es sein, in der man ein neues Verhältnis zu sich und seinen Mitmenschen gewinnt, in der das Sein auf den Moment hin ausgerichtet wird, wenn die Summe des gelebten Lebens gezogen wird. Wird uns dann bewusst, ob und wodurch unser Leben lebenswert war?

XI. Kommt zu mir

Ein Jubel- und ein Heilandsruf, Kap. 11,25-30

25 Zu der Zeit fing Jesus an und sprach: Ich preise dich, Vater, Herr des Himmels und der Erde, weil du dies den Weisen und Klugen verborgen hast und hast es den Unmündigen offenbart.
26 Ja, Vater; denn so hat es dir wohlgefallen.
27 Alles ist mir übergeben von meinem Vater; und niemand kennt den Sohn als nur der Vater; und niemand kennt den Vater als nur der Sohn und wem es der Sohn offenbaren will.
28 Kommt her zu mir alle, die ihr mühselig und beladen seid; ich will euch erquicken.
29 Nehmt auf euch mein Joch und lernt von mir; denn ich bin sanftmütig und von Herzen demütig; so werdet ihr Ruhe finden für eure Seelen.
30 Denn mein Joch ist sanft (gut zu tragen), und meine Last ist leicht.

Jetzt hören Sie anrührende Worte, für viele waren sie „Ader und Quelle“ ihres Glaubens; ein Unikat im Matthäusbuch. Bei aller Rührung sollten Sie nicht übersehen, dass dieses Jubelgebet ein beachtliches soziales Gewicht hat. Das Lob des Vaters gilt nämlich einer gesellschaftlichen Umkehrung. Gegen das studierte Wissen, das die Oberschicht pflegte, soll genau denen, die sich nicht genug gebildet fühlen, die eigentliche religiöse Wahrheit zugute kommen.

Es sind drei Sprüche, die locker zusammengestellt sínd. Die letzten drei Verse bringt nur Matthäus.

Im Eingang hören wir ein Dankgebet im alten Weisheitsstil. Jesus preist den väterlichen Gott. Er ist des Lobes voll, weil der

Vater etwas tat, was es offensichtlich vorher nicht gegeben hatte. Den *Weisen und Verständigen* sollen Offenbarungen verborgen bleiben. Schriftgelehrte, Rabbiner und andere, die Schriftkenntnis, Philosophie und öffentliches Wort verwalteten, werden übergangen – die Möglichkeit, Gott zu erkennen, wird anderswo eröffnet. Gelobt wird etwas, das quer steht. Natürlich gehörte es zur Frömmigkeit der Gebildeten, sich demütig zu verhalten und sich arm zu wissen, weil doch Gott allein aus Gnade Erkenntnis verleiht. Doch erfahren die religiös Geschulten jetzt, dass es mehr gibt als sie studiert hatten. „Offenbarung" wird den Fischern, Bauern, Arbeitern im armen Galiläa zuteil, die keine Zeit für Bücher hatten. Provokativ wird das vom Sohn gepriesen. So hatte es dem Vater gefallen.

Der folgende Vers – ein anderer Spruch, ein neuer Schritt – erweitert den Blick. Der Sohn spricht aus, wie Vater und Sohn zusammengehören. *Alles ist mir übergeben von meinem Vater*. Einzigartig ist ihre Beziehung. Vater und Sohn sind sich gleich in ihren Absichten, der Sohn kann über alles verfügen.

Der Gedanke wird tiefsinnig fortgeführt, Matthäus enthält sich sonst der hohen Theologie. Hier erinnert er stark an das Johannesevangelium: *Niemand kennt den Sohn als nur der Vater; und niemand kennt den Vater als nur der Sohn*. Wer kennt denn den Sohn, wer den Vater? Die Antwort, die in mystisch anmutender Einsicht gegeben wird, lautet krass: *Niemand.* (*Kennen* heißt natürlich nicht irgendwelche Bekanntschaft. Im Biblischen ist damit ein gegenseitiges, ganzheitliches Begegnen gemeint.) So müssen wir zugeben: Keiner kannte Jesus wirklich, nicht einmal seine Mutter – Jesus ist nur von Gott her zu verstehen. Keiner kennt den Vater – Gott ist nur von Jesus her zu verstehen. Einen „Gott an sich" gibt es im Christentum nicht.

Sie, liebe Leserinnen und Leser, merken, dass in den christlichen Gottesvorstellungen einiges sehr hoch hängt. Wer kommt schon dazu, die biblische Aussage zu meditieren. Wer aber dieser gegenseitigen Spiegelung nachsinnt, erahnt, was die Einheit von Vater und Sohn dem christlichen Glaubensgebäude an „Breite, Länge, Höhe und Tiefe“ (Eph 3,18) eingefügt hat – wie viel Menschenkenntnis und Weltverständnis, wie viel Wissen von Anfang und Ende.

Der Vers endet mit einem Folgesatz, der uns alle betrifft: *Niemand* ist nicht das letzte Wort. Denn der Sohn will das Gottesgeheimnis offenbaren. Wem der Sohn es eröffnen will, dem wird eine einzigartige Einsicht zuteil. Wie ein Privileg klingt das, selten genug wird es gewürdigt. Liebe Leserinnen und Leser, Sie lernen durch Christus das Innergöttliche kennen, nämlich den Vater. Wenn Sie das Vaterunser sprechen, ist die Anrede, mit der Sie beginnen, alles andere als selbstverständlich. Sie nutzen den Zugang zum Vater, den Ihnen der Sohn öffnet. Das ist ein heiliges Geheimnis, finde ich! Es herrscht die Göttlichkeit in ihrer Verborgenheit, aber der Wille des Sohnes ist Offenlegung, ist Erkennen. Er gab und gibt weiter, was ihm übergeben war. Nicht Besitz, sondern Weitergabe ist seine Sache. Zwar kennt niemand den Vater in seiner Verborgenheit und niemand (bei aller Nähe) den Sohn, dessen Wesen unausschöpflich ist. Aber der Sohn hat gewollt, dass seine Jüngerinnen und Jünger den Vater kennen lernen. Vertraut sollen sie mit ihm umgehen können. Dass sein Wille zur Tat wurde, erfuhren sie durch ihren Meister. Er lehrte sie Stück um Stück, wer dieser Gott ist, und dass sie ihn Vater nennen dürfen.

Gewichtige Sätze sind es, die Sie zu hören bekommen. So hatte sich die Christustheologie Schritt für Schritt ausgebildet. Sie hat den Mehrwert eines göttlichen Geschehens in sich, den die theologische Wissenschaft kaum ausmessen kann.

Das Offenbaren durch den Sohn ist ein freier Akt der Wahl. Und auf die bange Frage: Wer wird nun zu den Wissenden gehören, ist die Antwort eindeutig. Vor den einfachen Leuten wird die Lebenswahrheit enthüllt; nichts anderes wird der Sohn tun. Was der Vater dem Sohne gab – Schöpferkraft, Gerechtigkeit, unbedingte Liebe –, gibt er weiter. Eben dies durchzieht das Evangelium. Natürlich hatte die Mehrzahl nicht gelernt, die Tora zu interpretieren. Für sie aber hat Jesus, *der nicht lehrte wie die Schriftgelehrten*, Gottes Evangeliums-Weisheit zugänglich gemacht. Jesus, als Handwerker eigentlich zum Lehrer gar nicht qualifiziert, wählte ungebildete Jünger, die sein Wissen weitertragen. Es war eine neue Art von Weisheit, die – für Männer und Frauen – in gerechtem, liebevollem Leben besteht. Es durchbrach die soziale Schichtung. Bemerken Sie den Wertewandel? Sie müssten jetzt eigentlich überlegen, ob Sie schon einmal etwas offenbart bekommen haben. Unsere Sprache gebraucht dafür Worte wie: „Mir ging ein Licht auf", „Endlich kapierte ich". Hat Sie einmal ein Ereignis, eine Begegnung oder ein Wort der Bibel entscheidend inspiriert?

Zum Schluss ein zu Herzen gehender Ruf – an alle Überlasteten. Erinnern Sie sich noch, wie an anderer Stelle und in anderer Situation Jesus von der Härte der Nachfolge gesprochen hatte? Sein Kreuz auf sich nehmen! In unserem Text kann er leicht und fröhlich reden. Er lädt die, die es schwer haben, zu sich ein: *Kommt her zu mir*. Das ist der Anruf eines Helfers. Es ist das einfache Evangelium, das Jesus wie eine Therapie anbietet. Was damals in Gesetzen und Regeln ein hartes Joch war (ein Bild des Alten Testaments) – Jesus bittet sie dorthin, wo der Geist der Gottesliebe herrscht. Allerdings – dort wartet eine Aufgabe. *Lernt von mir*, heißt es. Nehmt unter meiner Leitung an einem Lernprozess teil. Keine Angst davor! Denn was lehrt der Pädagoge der Sanftmut und Demut (wir erlauben uns die alten Worte)? Verständnisvoll mit anderen umgehen und sich nicht für den Größeren halten! Das ist nicht immer leicht, wie wir wissen. Die kurze Weisung mag altmodisch ausgedrückt sein, jedoch zeigt sie einen Weg. Es wird der Seele – unserem besten Stück – gut tun. Jesus meint, was man bei ihm lerne, sei nur eine leichte Belastung.

„Kommt her zu mir." Würden Sie Entspannung und Wohlgefühl erwarten, wenn Sie diese Einladung annehmen? Mit Verlaub: Wie steht es mit Ihrer Seelenlage? Darf ich fragen, wie Sie mit Unruhe oder Hast umgehen? Die Einladung, die hier ausgesprochen wird, ist keine der Werbesprüche, die heute von Spannungen gequälte Menschen anzulocken suchen.

Buddhismus, Hinduismus oder Esoterik – alle wollen Wege zeigen, in sich selbst Balance zu schaffen. Hier aber spricht der, dessen Hilfsbereitschaft wir schon kennen lernen konnten: *Kommt her zu mir*. Das heißt: Wer je auf seine Art der Einladung des Menschenkenners folgt, kann mit ihm seine Probleme klären, bei ihm Verständnis finden und auftanken – alt oder jung. *Alle, die ihr mühselig und beladen seid; ich will euch erquicken.* Früher wurde oft mit Psalm 37 gesagt: *ER wird's wohl machen* (Betonung bitte auf „wohl"!).

Suchen Sie doch in seiner Nähe etwas von seinem Wesen aufzufangen!

XII. Gemischte Gesellschaft

Das Gleichnis vom Unkraut unter dem Weizen,
Kap. 13,24-30.36-43

Das Gleichnis

24 Er legte ihnen ein anderes Gleichnis vor und sprach: Das Himmelreich gleicht einem Menschen, der guten Samen auf seinen Acker säte.
25 Als aber die Leute schliefen, kam sein Feind und säte Unkraut unter den Weizen und ging davon.
26 Als nun die Saat wuchs und Frucht brachte, da fand sich auch das Unkraut.
27 Da traten die Knechte zu dem Hausvater und sprachen: Herr, hast du nicht guten Samen auf deinen Acker gesät? Woher hat er denn das Unkraut?
28 Er sprach zu ihnen: Das hat ein Feind getan. Da sprachen die Knechte: Willst du denn, dass wir hingehen und es ausreißen?
29 Er sprach: Nein! Damit ihr nicht zugleich den Weizen mit ausrauft, wenn ihr das Unkraut ausjätet.
30 Lasst beides miteinander wachsen bis zur Ernte, und um die Erntezeit will ich zu den Schnittern sagen: Sammelt zuerst das Unkraut und bindet es in Bündel, damit man es verbrenne; aber den Weizen sammelt in meine Scheune.

Spätere Deutung

36 Da ließ Jesus das Volk gehen und kam heim. Und seine Jünger traten zu ihm und sprachen: Deute uns das Gleichnis vom Unkraut auf dem Acker.
37 Er antwortete und sprach zu ihnen: Der Menschensohn ist's, der den guten Samen sät.

38 Der Acker ist die Welt. Der gute Samen sind die Kinder des Reichs. Das Unkraut sind die Kinder des Bösen.
39 Der Feind, der es sät, ist der Teufel. Die Ernte ist das Ende der Welt. Die Schnitter sind die Engel.
40 Wie man nun das Unkraut ausjätet und mit Feuer verbrennt, so wird's auch am Ende der Welt gehen.
41 Der Menschensohn wird seine Engel senden, und sie werden sammeln aus seinem Reich alles, was zum Abfall verführt, und die da Unrecht tun,
42 und werden sie in den Feuerofen werfen, da wird Heulen und Zähneklappern sein.
43 Dann werden die Gerechten leuchten wie die Sonne in ihres Vaters Reich. Wer Ohren hat, der höre!

Das Beispiel aus der Landwirtschaft steht in einer Sammlung, die Matthäus in der großen „Gleichnisrede" präsentierte. Nach unserem Text folgt das Gleichnis vom Fischnetz mit einem ganz ähnlichen Zielpunkt, so ist anzunehmen, dass er deren gleichnishaft verschlüsselte Botschaft in seiner Arbeit für wichtig hielt.

Ein paar Worte zu den Szenenbildern sind nötig. Gleichnisse zu erzählen, ist für Jesus geradezu eine Methode. Er gebraucht alltägliche Vorgänge, deren Übertreibung oder Überraschung die Sache sonderbar, auch geheimnisvoll macht. Es sind vornehmlich Geschichten, die vom Himmelreich handeln. Die Bildhaftigkeit lässt den Hörer mitdenken und eine Entscheidung treffen. Das, was bei und mit Gott geschehen kann, ist eben nur gleichnishaft auszudrücken.

Dass zum Gleichnis (nicht nur hier) Erklärungen verlangt wurden, zeigt, dass die späteren Hörer den ursprünglichen Kontext nicht mehr kannten. Sie verlangten nach Anleitung, die nun aus einem anderen Zusammenhang heraus gegeben werden.

Übrigens: Die Form eines Gleichnisses hat eine Bildhälfte und eine Sachhälfte, die den beabsichtigten Sinn finden lässt.

Die Bildhälfte des Gleichnisses ist leicht zu erkennen: Da säte ein Mensch auf seinem Acker den Samen aus, und der Samen war gut. Aber nachts – die Leute schliefen – kommt ein Feind, streut Taumel-Lolch dazwischen (im Urtext wurde „Unkraut" spezifiziert) und macht sich unerkannt davon. Beim Aufwuchs zeigt sich das Problem: Neben dem Weizen Wild- und Beikraut. Die Knechte sind perplex: Wie kommt das? Der „Hausvater" – die Knechte gebrauchen den Christustitel *Herr* – kann nur irgendeinen Feind verdächtigen. Sie aber wollen die störenden Gewächse gleich ausreißen. Dazu sagt der Hausvater kategorisch Nein. Beim Ausjäten würde ja der Weizen mit ausgerissen. Er entscheidet sich fürs Warten bis zur Ernte. Dann können die Schnitter das Unkraut bündeln und verbrennen. Der Weizen soll ihm in seine Scheune gefahren werden.

Die Sachhälfte fragt: Was ist gemeint? Jeder Hörer wird verstehen: Es geht um eine Sache, die das religiöse Miteinander betrifft. Immer hatte man sich untereinander verstanden. Aber dann wurde hinter der Hand getuschelt und widersprochen. Giftigkeiten wachsen zwischen den Leuten auf, unbegreiflich? Im Dorf erheben sich Fragen: Woher, wie das? Einige wollen klare Verhältnisse schaffen. Unsere Gemeinschaft ist eine Gemeinde, die sich rein hält. Nichts dagegen, aber gegen diesen frommen Eifer ein Nein; keine Maßnahmen wie Anklage und Rauswurf. Eine Kirche der Besseren oder Reinen soll und kann es nicht geben. Das Nebeneinander von Gut und Nicht-so-gut, von einer Parteilichkeit und einer anderen, muss ausgehalten werden. Dieser Gedanke wird eng verbunden mit der Erwartung der kommenden Endzeit, wenn das Urteil gesprochen wird. So warnt das Gleichnis vor Fehlentwicklungen und fordert Geduld. Eine Ermahnung, die das Ende im Auge hat. Ist das nicht eine sehr weise Himmelreichsgeschichte? Wer war wohl der Feind? Am nächsten liegt, an die Auseinandersetzung mit der ablehnenden altgläubigen Judenschaft zu denken. Sie, Leserinnen und Leser, können in der Geschichte erkennen, dass noch nicht an Scheidung der zwei Glaubensrichtungen gedacht wurde.

Soweit die Botschaft zu Jesu Zeiten.

Die Geschichte geriet nach fünfzig, sechzig Jahren in ein verändertes Umfeld. Die Trennung vom verwandten Judentum lag zurück; Geduld und Toleranz waren kein Thema mehr. Beunruhigend aber war, dass die heiß erwartete Wiederkunft des Christus Jesus ausblieb. Wann immer sie geschehen würde, das Gemeindeleben musste auf Dauer gestellt werden. Kurz: Matthäus las den alten Text neu, er setzte die Akzente anders. Die Sinnfülle machte Erweiterungen möglich. Bei der aktuellen Deutung wurde aus dem Gleichnis „Vom Unkraut unter dem Weizen“ das Gleichnis „Vom Unkraut“.

Matthäus schuf im Erzählen ein neues Bild. Jesus lässt das Volk gehen; der enge Schülerkreis tritt zusammen und wird belehrt. Er erfährt, was jetzt notwendig ist.

Hörer und Leser bekamen die Erklärung in Form der Allegorie, einer Aufschlüsselung Wort für Wort. Hier hat alles geistliche Bedeutung; die Sprache ist ganz innergemeindlich voller christlicher Begriffe: Der Mensch als Saat, der Menschensohn als Sämann und Weltrichter usw. Ich will den Text nicht wiederholen, ich unterstreiche nur das mir Wichtige.

Da ist zuerst der universale Horizont, den Matthäus vor sich sah. Die Jüngerschaft Jesu musste sich einer neuen Lage stellen. *Die Welt ist der Acker.* Die Welt, dies große Problemfeld, gab der Gemeinde den Arbeitsauftrag. Sie brach auf zur Mission, und sie selbst war der Same, sie sollte Jesu Botschaft in Menschenleben pflanzen. Welche Aufgabe! Dabei drohten der Gemeinde Gefahren. *Der Feind ist der Teufel*, also nicht mehr die jüdischen Mitbürger, die Jesus nicht glauben konnten. Es gab *Kinder des Bösen* (die Neuformulierung übermalt krass den nüchternen alten Text). Besserwissen, Widersprechen und moralische Lässigkeit könnten das sein. Dagegen musste angegangen werden. Das Weltende, das Christen genauso vor sich haben wie Alle, wurde der Mahnung wegen ausgemalt („Feuerofen" und „Zähneklappern" war herkömmliche Bildersprache). Doch die Hoffnung der Matthäusgemeinde ist spürbar: Das Weltgericht wird es bringen. Möge es endlich kommen, der Sieg über das Böse in und außerhalb der Gemeinde, die Verurteilung von Verführern und Tätern der Gesetzlosigkeit. Bis dahin muss jeder seinen Glauben festhalten.

Noch einmal gefragt: Sehen Sie heutzutage noch einen Sinn in dieser Vorstellung? Am Schluss von Abschnitt VIII lasen wir schon etwas zum Weltgerichtsproblem, das ja nie gleichgeschaltet war. Die apokalyptischen Vorstellungen wurden als Gerichtsszenen illustriert, in Kampfszenerien aufgebaut oder einfach als Christusgeist ausgesagt: Ich bin das A und das O. Auffällig ist, dass in Romanen und Filmen das Thema ständig neu präsentiert wird. Im Untergrund zittert noch die endzeitliche Wucht der Hiroshima-Bombe. Haben Sie „Apocalypse now" (1979) gesehen, oder „Armageddon – Das jüngste Gericht" (1998)? Die Möglichkeit endgültiger Zerstörung lässt uns nicht los.

Im Gleichnis aber liegt die Zukunft in der Hand Gottes. Da erstrahlt auf dem dunklen Hintergrund des göttlichen Gerichts eine Vision anderer Art. Zu erwarten ist, dass die Gerechten Recht bekommen. Sie *werden leuchten wie die Sonne in ihres Vaters Reich*. Und der öfter gebrauchte Weckruf: *Wer Ohren hat, der höre*, verdient hier Beachtung. „Hören“ meint, nachzudenken.

Ich füge eine Überlegung zur momentanen Diskussion an. Ist die Kirche (noch) glaubwürdig? Dazu nimmt also nicht nur der alte Matthäus Stellung, diskutiert wird das heute keineswegs nur innerkirchlich. Empörte Stimmen aus der Öffentlichkeit melden sich zu Wort – ob es sich um Missbrauchsenthüllungen handelt oder um anrüchige Geldgeschäfte. Und als Lösung des Problems scheint sich die Geschichte vom Unkraut unter dem Weizen anzubieten. Die Kirche sei eben eine durchmischte Gesellschaft. Die wahre Kirche sei in ihr verborgen; die Reinheit des Ganzen sei nicht zu garantieren. Im Sinne von Matthäus liegt eine derartige Argumentation nicht.

Je differenzierter sich die evangelische Volkskirche zeigte, desto weniger konnte auch die lange ausgeübte Kirchenzucht helfen. Verbrennung von Häretikern und Exkommunikation von Irrlehrern sind nicht mehr gängig, und in katholischen Gegenden werden Geschiedene von der Eucharistiefeier oft nicht mehr ausgeschlossen. Aber der Pluralismus macht es sowohl den Christen selbst als auch der Öffentlichkeit nicht leicht, sich zu orientieren. Für richtig und falsch gibt es keine klaren Fronten. So ist der Taumel-Lolch seit einiger Zeit mutiert und versteckt sich hinter allerlei Unsicherheit. Die Distanz zu den Kirchen, greifbar in zunehmender Austrittsbewegung, macht Sorge. Der „Binnenpluralismus“ hat für einige den Geschmack von Unverbindlichkeit. Wo sie die Gemeinschaft mit Glaubenden vermissen, beklagen andere die Unfähigkeit, mit den Zeitgenossen zu kommunizieren.

Die Kirche des Matthäus liegt weit entfernt von der heutigen. Das Gleichnis müsste sozusagen in einem weiteren, dritten Schritt für die heutige Situation ausgelegt werden.

Die Matthäusstimme würde sicher anmahnen, das Bekenntnis nicht zu vergessen und die Bergpredigt ernst zu nehmen. (Worte wie die zum Ehebruch und zur Ehescheidung wären dabei ein eigenes Thema.) Da läge ein Stück Arbeit. Zumindest wird seine Gleichnisdeutung – bei aller Liberalität – Christen und Kirche dazu bringen, sich deutlich zu bemühen, Jesusweizen zu sein.

XIII. Vom Fundament der Kirche

Das Petrusbekenntnis und die Leidensankündigung,
Kap. 16,13-23

Frage und Bekenntnis

13 Da kam Jesus in die Gegend von Cäsarea Philippi und fragte seine Jünger und sprach: Was sagen die Leute, dass der Menschensohn sei?
14 Sie sprachen: einige sagen, du seist Johannes der Täufer, andere, du seist Elia, wieder andere, du seist Jeremia oder einer der Propheten.
15 Er fragte: Wer sagt denn ihr, dass ich sei?
16 Da antwortete Simon Petrus und sprach: Du bist Christus, des lebendigen Gottes Sohn!
17 Und Jesus antwortete und sprach: Selig bist du, Simon Petrus, Jonas Sohn, denn Fleisch und Blut haben dir das nicht offenbart, sondern mein Vater im Himmel!

Fels der Kirche

18 Und ich sage dir: Du bist Petrus, und auf diesen Felsen will ich meine Gemeinde [Kirche] bauen und die Pforten der Hölle sollen sie nicht überwältigen.
19 Ich will dir die Schlüssel des Himmelreichs geben, alles, was du auf Erden binden wirst, soll auch im Himmel gebunden sein, und alles, was du auf Erden lösen wirst, soll auch im Himmel gelöst sein.
20 Da gebot er seinen Jüngern, niemandem zu sagen, dass er der Christus sei.

Leidensankündigung und Einspruch

21 Seit der Zeit fing Jesus an, seinen Jüngern zu zeigen, wie er nach Jerusalem gehen und viel leiden müsse von den Ältesten und Hohenpriestern und Schriftgelehrten und getötet werden und am dritten Tag auferstehen.

22 Und Petrus nahm ihn beiseite und fuhr ihn an und sprach: Das widerfahre dir nur nicht!
23 Er aber wandte sich um und sprach: Geh weg von mir, Satan! Du bist mir ein Ärgernis, denn du meinst nicht, was göttlich, sondern was menschlich ist.

Der Abschnitt findet sich im Evangelium genau in der Mitte. Als Leserinnen und Leser stehen Sie jetzt am Rande einer der entscheidenden Szenen des Evangeliums: dem Wendepunkt in der Jesusgeschichte. Dazu Bedeutendes für die Kirchengeschichte; es erwartet Sie eine kompakte Personen- wie Institutionsgeschichte.

Matthäus spielte hier eine große Rolle. Er übernahm die Markus-Tradition. Doch arbeitete er sie um und wurde ihr Ausleger. Indem er die Bau-Bestimmung an das tradierte Petrusbekenntnis koppelte, gewann dies ein völlig anderes Gewicht. Die breite Diskussion über Herkunft und Sinn der Petrusüberlieferung kann ich hier nicht darstellen.

Die Geschichte hat ihren Ort hoch im Norden Galiläas: Jesus war mit seinen Jüngern bis in die Gegend von Cäsarea Philippi gewandert. Es wird der Scheitelpunkt seines Weges sein, der in Bethlehem begann, über Galiläa nach Jerusalem führt und weltweit enden wird. An dieser Stelle will er wissen, was man über ihn denkt. Haben die Menschen erfasst, wer der Menschensohn ist?

„Menschensohn“ ist eine Hoheitsbezeichnung in der jüngeren jüdischen Tradition, die Jesus benutzte; immer ist sie mit der Erwartung seiner Erhöhung verbunden. Der Titel hat für mich einen Klang von Menschennähe. (Überhören Sie das im weiteren Verlauf nicht, z.B. im Abschnitt XIX.)

Die Leute, so berichten die Jünger, hätten verschiedene fromme Meinungen, die sich alle für das,, was Jesus wollte, als unzutreffend erwiesen. *Was sagt denn ihr, dass ich sei?* Erstmals wird die Überzeugung der Jünger derjenigen des Volkes gegenübergestellt. Sie haben über ihn das Vorwissen, sie kennen ihn.

Die Antwort gibt der Sprecher des Kreises. Matthäus führte ihn betont mit dem Doppelnamen *Simon Petrus* ein. Die Aufmerksamkeit ist auf ihn gelenkt. Was er sagt, ist gewichtiger formuliert als bei Markus. *Du bist Christus, des lebendigen Gottes Sohn!* Der Erstapostel (gar keine Idealgestalt) trat als Bekenner vor.

Die Bedeutsamkeit der Szene wird noch gesteigert. Matthäus überlieferte die Verse in seltener Feierlichkeit. Jesus preist den Petrus selig, einzigartig! Er redet ihn, wie offiziell, mit vollem Namen an: *Simon, Sohn des Jonas*. Das Bekenntnis aber erklärt er als vom Vater im Himmel geschenkte Offenbarung: *Fleisch und Blut haben dir das nicht gesagt.* Den Apostel macht die Seligpreisung nicht größer. Göttliche Gnade wurde ihm zuteil, gläubiges Verstehen macht demütig.

Leser werden sich erinnern, dass die Jünger schon ähnlich ein Bekenntnis gesprochen hatten (14,33). Matthäus betonte also, dass der hervorragende Petrus-Akt die Gemeinschaft der Jüngerschaft dicht neben sich hatte.

Der Seligpreisung folgt das Felsenwort. Der sicher bezeichnende Beiname, den Petrus trägt, bekommt eine Umdeutung. *Kephas* – das aramäische Wort meint „runder Stein“ – wird in der griechisch sprechenden Gemeinde zu *petros*, das im Wortspiel zu *petra* wird: Stein wird zu Fels. Das ist die verantwortungsvolle Auszeichnung des Apostels; es muss früh eine Tradition in Matthäus-nahen Gemeinden gegeben haben, die Petrus herausheb. *Auf diesen Felsen will ich meine Kirche bauen*. Jesus Christus lässt neben den jüdischen Tempel sein Haus bauen – für eine hier nur zu ahnende Geistesgemeinschaft derer, die sich zu ihm bekennen. Petrus, die historische Person, soll dessen Fundament sein. Mit dem Bekenntnis, wie er es aussprach, wird die Gruppe zur Christuskirche. Für zukünftige Kämpfe wird ihr Beständigkeit verheißen. Alte jüdische Vorstellungen werden erfüllt werden: *Die Pforten der Hölle werden sie nicht überwältigen.* Es kann nur bewusster Glaube sein, der auf Dauer durchträgt.

Aus Jesu Mund ist das Wort *ekklesia* zu hören, also „versammelte Gemeinde" oder „Kirche". Obwohl Paulus es in den Briefen an griechische Gemeinden ständig benutzt hatte – Lukas in seiner Apostelgeschichte auch –, erscheint es in den Evangelien nur zweimal, und zwar eben bei unserem Autor. Es war ein jüdisch gebräuchlicher Begriff, den Matthäus aber gleichsam mit Vorsicht aufnahm – warum?, kann ich nicht sagen. Unter diesem Gestalt-Begriff tritt die Jüngerschaft in die religiöse Welt: Sie wird Kirche. Das meint die Gesamtkirche, nicht eine Einzelgemeinde wie etwa die des Matthäus in Syrien. (Die Übersetzung „Gemeinde" – in der reformatorischen Kontroverse mit der Papstkirche vorgezogen – verwischt das Neue.) Weit über das Persönliche hinaus führen die Worte zum bleibend Kirchlichen. Petrus als der Baugrund, das bedeutete Begründung einer Tradition, die sich an ihn gebunden wusste.

Im nächsten Schritt wird dem Apostel die Verwaltung der Tradition übertragen, Amtsvollmacht wird ihm zugesprochen. Petrus soll auch der Lehrer sein. Sein Erkennungszeichen werden die zwei Schlüssel. Als Schlüsselmann sorgt Petrus dafür, die Tür zum Himmelreich zu öffnen oder geschlossen zu halten. Er hat das Recht zu binden und zu befreien, die Gesetzesauslegung mit Verbieten und Erlauben gehörte zum jüdischen Denken. Beim Umgang mit ethischen Fragen entscheidet er über die rechte Gesetzesinterpretation. Er wird in Zukunft dem Weg der Kirche die Richtung geben. Er wird Gefahren abwehren, wenn enthusiastische *falsche Propheten* die Gemeinde beunruhigen. Es liegt nahe, an die Verantwortung für die Einheit der Kirche zu denken. Wenn in Vers 28,20 der ganzen Jüngerschar der Lehrauftrag gegeben wird, zeigt das den Einen in der Gemeinschaft aller.

Das abschließende Schweigegebot markiert offensichtlich eine Grenze zwischen dem Volk und den Jüngern. Sie bilden die eigentliche Versammlung des Gottesvolks, sie sind die Wissenden.

Die Überlieferung liebte den Gegensatz. Eben wurde der Kirche Christi die Unüberwindlichkeit zugesichert, nun kündigt der Christus sein bevorstehendes Schicksal an. Die Dimension göttlichen Lebens ist daran auszumessen.

Unter dem Gebot der Geheimhaltung spricht Jesus erstmalig davon, wie er seine Zukunft sieht. Leiden steht ihm bevor, er wird getötet werden, aber am Ende steht die Überwindung des Todes. Die Auferstehung ist das Ziel seiner Sendung. Das besondere Wissen der Jüngerschaft wird damit vertieft. Matthäus formulierte (anders als Markus): *Seit der Zeit fing Jesus an, seinen Jüngern zu zeigen ...* Jesus sieht die von Gott verhängte Notwendigkeit vor sich; die jüdischen Führer werden sie vorbereiten. Aber Jesus ist nicht das passive Opferlamm: Er geht bewusst seinen Weg nach Jerusalem. Die Stunde in Cäsarea Philippi ist zur Schlüsselszene der Wende geworden.

Energisch erhebt Petrus Einwände. Warum? Leitet ihn ein falsches Messiasverständnis? Denkt er einfach menschlich? Ist er hier wieder Jüngersprecher, der zwischen Glauben und ängstlicher Sorge schwankt? Jesus reagiert darauf äußerst schroff. Was er gegen den Teufel gesagt hatte: *Weg mit dir, Satan*, bekommt nun wortgleich der eben gepriesene Apostel zu hören. Ein Ärgernis sei er, im Urtext ein *skandalon*, was Verführung zur Sünde meint. Matthäus drückte das deutlich aus als Gegensatz zum Felsenwort. Göttliches gegen Menschliches, die Jesusliebe in harter Form. Petrus steht da – weder zum ersten noch zum letzten Mal – als Inbegriff der Fehlerhaftigkeit der Glaubenden, die dennoch Jesu Jünger bleiben.

In den folgenden Versen erinnert Jesus die Jünger ausdrücklich wieder an die Nachfolge: *Will mir jemand nachfolgen, der verleugne sich selbst. [...] Wer sein Leben erhalten will, der wird's verlieren.* Das ist auch ein Christusbekenntnis, das sollen die Jünger auch lernen. –

Was für eine Geschichte – über Jesus, über Petrus, über die Kirche, über Matthäus. Jetzt – das ist das welthistorisch Neue – bauen Christen sich eine neue Heimat mit Namen Kirche. Wie alles begann, soll man nicht vergessen. Denn im Umkreis des Matthäus war offenbar ein Amt errichtet, dem Vollmachten zugebilligt waren.

Die Wirkungsgeschichte unseres Textes ist verwickelter, als dass ich sie hier ausbreiten kann. In aller Kürze: Was Matthäus von Petri Verantwortung für die Jesuslehre zu sagen hatte, ließ im Westen ein Papsttum als Spitze der Kirche wachsen – und streng biblische Gruppen am linken Flügel protestierten. Die evangelische Reformation lehnte dieses Amt ab. Es entstand eine Kirche, als deren Fundament die Wort-Theologie mit einem gemeindlichen Bekenntnisglauben angesehen wurde – und ein linker Flügel wollte jesusgemäßer sein als diese Institution. Der Baum der einen Kirche bekam viele Zweige. Die Behauptung lehramtlicher Richtigkeiten führte zu Spaltungen und dogmatischen Verfestigungen. Erst spät wuchs die Einsicht, dass Kirchen und Gemeinden den gegenseitigen Austausch brauchen. Ob es zu einem neu verstandenen Petrusdienst kommen wird, steht dahin.

XIV. Bruderpflichten

Die Vergebung, Kap. 18,10-20

Die Kleinen

*10 Seht zu, dass ihr nicht einen von diesen Kleinen verachtet.
Denn ich sage euch: Ihre Engel im Himmel sehen allezeit das
Angesicht meines Vaters im Himmel.*
*11 Denn des Menschensohn ist gekommen, selig zu machen,
was verloren ist.*
*12 Was meint ihr? Wenn ein Mensch hundert Schafe hätte
und eins unter ihnen sich verirrte: lässt er nicht die neun-
undneunzig auf den Bergen, geht hin und sucht das verirrte?*
*13 Und wenn es geschieht, dass er's findet, wahrlich, ich sa-
ge euch: er freut sich darüber mehr als über die neunund-
neunzig, die sich nicht verirrt haben.*
*14 So ist's auch nicht der Wille bei eurem Vater im Himmel,
dass auch nur eines von diesen Kleinen verloren gehe.*

Der Bruder

*15 Sündigt aber dein Bruder an dir, so geh hin und weise ihn
zurecht zwischen dir und ihm allein. Hört er auf dich, so hast
du einen Bruder gewonnen.*
*16 Hört er nicht auf dich, so nimm noch einen oder zwei zu
dir, damit jede Sache durch den Mund von zwei oder drei
Zeugen bestätigt wird.*
*17 Hört er auf die nicht, so sage es der Gemeinde [Kirche].
Hört er auch auf die Gemeinde nicht, so sei er für dich wie
ein Heide [Fremder] und Zöllner.*
*18 Wahrlich, ich sage euch: Was ihr auf Erden binden wer-
det, soll auch im Himmel gebunden sein, und was ihr auf Er-
den lösen werdet, soll auch im Himmel gelöst sein.*

Die Gemeinschaft und Er

> *19 Wahrlich, ich sage euch auch: Wenn zwei unter euch eins werden auf Erden, worum sie bitten wollen, so soll es ihnen widerfahren von meinem Vater im Himmel.*
> *20 Denn wo zwei oder drei versammelt sind in meinem Namen, da bin ich mitten unter ihnen.*

Sie werden sich an den vorigen Abschnitt erinnern, der von der Gründung der Kirche berichtet. Jetzt wird der Blick auf ihr Innenleben gelenkt, auf Gemeindefragen. Das ist das Thema des ganzen Kapitels. Im vorliegenden Abschnitt lesen Sie einen Teil der kirchlichen Hausordnung. Gleich ist zu merken: „Kirche" meint hier eine überschaubare Gemeinde.

Matthäus leitete das Kapitel mit der Szene ein, in der Jesus ein Kind in die Mitte stellt und dazu sagt: *Wenn ihr nicht werdet wie die Kinder, werdet ihr nicht ins Himmelreich kommen*. Ein berühmtes Wort – typisch Jesus!

Das Stichwort für die verschiedenen Sprüche ist Brüderlichkeit, was die Schwestern einschließt. Und womit begann Matthäus? Noch einmal richtete er den Blick auf die Kleinen. *Seht zu, dass ihr nicht einen von diesen Kleinen verachtet*. Gemeint sind jetzt nicht die Kinder, sondern die, die gemeinhin übersehen werden (manchmal nennt Jesus auch seine Jünger so – keiner ist mehr als der andere). Wenn das Miteinander unbeschädigt existieren soll, darf deren Würde nicht beleidigt werden. Offensichtlich lebte Matthäus in einer Mittelstandsgemeinde, einige sind sogar betucht, andere Amtsträger. Man zieht zwar den Hut auch vor den kleinen Leuten, aber das ist es.

Wie verkehren Christen untereinander? Vor dem Sich-herunter-beugen sollte sich keiner schämen, Solidarität nach unten erwartet er. Darum seine mahnende Bitte: In der Gemeinde kein Ansehen der Person, keine Unterschiede. Im Jakobusbrief Kap. 2 steht mehr darüber; in der Französischen Revolution wurde Egalité zum politischen Ruf der Unterschicht. Heute ist dem Sozialstaat die Verantwortung übergeben. Matthäus gab den Christen noch einen Spruch mit: *Ihre Engel im Himmel sehen allezeit das Angesicht meines Vaters im Himmel.* Die Niedrigen und Verachteten haben ihren Schutzengel, Bewahrung in göttlicher Nähe. Diese Vorstellung gehört zwar in ein ganz anderes Weltbild, ist aber zu allen Zeiten beliebt geblieben

Matthäus fand, dass an diese Stelle das schöne Gleichnis vom verlorenen Schaf passe. Sein Blick wandte sich damit auf Menschen, die nicht unbedingt zu den Kleinen gehören – Mitglieder, die auf falsche Wege gekommen, einer Sünde erlegen sind oder ihren Gott verloren hatten. In der Gemeinde wurde von „Verirrten" gesprochen. Das Gleichnis gibt sich als Beispiel, dass die Brüder und Schwestern die Weggegangenen bitte aufsuchen möchten, um ihnen zu helfen. Geschwisterlichkeit heißt, dass Einzelne aufeinander achten. Die Leser werden auch an den Guten Hirten Jesus denken, der Menschen gesucht hat, die nicht mehr weiter wussten. Es ist *nicht der Wille bei eurem Vater im Himmel, dass auch nur eines von diesen Kleinen im Endgericht verloren gehe.*

Übrigens: Das erste Jesusbild der Christlichen Kunst war die Figur des guten Hirten mit dem gefundenen Schaf auf den Schultern.

Das Folgende bildet den Kern des Abschnitts. Nach den kleinen Leuten und den Verirrten ist eine dritte Gruppe zu bedenken: Die Sünder – was immer sie verbrochen haben mögen. Wie soll mit dem sündigen Bruder umgegangen werden? („Bruder“ – man beachte die Geschwisterlichkeit, die hier ausgedrückt wird.) Die Hausordnung schreibt vor oder empfiehlt Einfühlung. Vorsichtig sei vorzugehen. Der konkrete Fall: Ein Gemeindeglied wirft einem anderen ein Vergehen vor. Dann ist mit ihm das Gespräch zu suchen. *Hört er auf dich, so hast du einen Bruder gewonnen.* Bleibt er uneinsichtig, sollen ein oder zwei Zeugen hinzugerufen werden. Erst bei Verhärtung der Fronten wird der Fall zur Angelegenheit der Gemeinde. Das Wort „Kirche“ gebrauchte Matthäus hier zum zweiten Mal; der Begriff aus dem Petrusabschnitt meint also jedenfalls die Jünger- und Jüngerinnengemeinschaft. Es kann dazu kommen, dass sie den Ausschluss des Schuldigen beschließt: Er sei *wie ein Heide und Zöllner,* mit ihm wird nicht mehr verkehrt. Also keine Verdammung, aber eine Trennung. Juristisch oder amtlich wird nicht gehandelt, die Gemeinde soll sich im direkten Verkehr untereinander bewähren. Denn das Ziel ist es, den Bruder oder die Schwester wieder in ihren Kreis aufzunehmen. Es gibt den Weg, ohne Stigma leben zu dürfen.

Vergebung – sie gehört zu den teuren Schätzen des Lebens. Großzügig und mutig hatte Jesus sie praktiziert. Im Anschluss bekam Petrus zu hören, dass es für diese innere Freiheit, die dem Anderen entgegenkommen kann, kein Maß gibt: Siebzigmal siebenmal soll vergeben werden. Die fünfte Bitte des Vaterunsers handelt davon. Von der geschwisterlichen Gemeinde wurde etwas verlangt, was andere für völlig unangebracht halten. Nur: Ist fürs Vergeben immer genug Freiheit vorhanden? (Sie werden sich daran erinnern, was uns zur Friedfertigkeit beschäftigt hatte, s. S. 58f.) Was im Miteinander einer Minderheitsgruppe möglich war, stößt heute in der Gesellschaft auf Unmögliches. Manch ein Schuldiger kann nur der Barmherzigkeit Jesu anbefohlen werden. Dennoch: Selbst wenn er bestraft werden müsste, könnte sich die Vergebungsbereitschaft – die hohe Kunst der Menschenliebe – in solchen Fällen bewähren.

Mitten in der Hausordnung findet sich ein Spruch, der quer steht: *Wahrlich, ich sage euch: Was ihr auf Erden binden werdet, soll auch im Himmel gebunden sein, und was ihr auf Erden lösen werdet, soll auch im Himmel gelöst sein*. Petrus hatte die gleiche Vollmacht bekommen, doch jetzt wird im Plural gesprochen. Dass Matthäus diesen Vers auch in die Gemeindeordnung aufnahm, lässt darauf schließen, dass sich die Verhältnisse gefestigt hatten und die Vollmacht zur Verhaltensregelung auf die Gemeinde übergegangen ist. Damit aber ergibt sich die Frage: Wie passt das Wort in den Kontext des Abschnittes und überhaupt zur Jesusüberlieferung?

Der Spruch bezieht sich auf richterliches Vorgehen. Er gibt der Gemeinde das Recht, sowohl zu vergeben als auch den Sünder bis in den Himmel mit seiner Schuld zu behaften. Eine harte Bindegewalt, die sich mit dem Auftrag, das Verirrte zu suchen, schmerzhaft reibt. Zwingt das Grundgebot der Liebe zum Einspruch – oder ist etwa ein Urteil der schwerere Teil der Liebe? Jesu Vergebungsbereitschaft findet sich auf einem anderen Blatt. Das Binde- und Löserecht steht hier aber wie ein Stein da und ist nicht wegzurollen. Ich las dazu: Matthäus konnte das sehr alte Gemeindewort nicht überspringen, er übernahm es und hielt mit den anderen Worten dagegen. Er sah die Grenze, hielt sie aber offen und forderte den verständnisvollen Umgang. Ich sehe bei ihm seelsorgerliche Züge.

Das Gleichnis vom Unkraut unter dem Weizen forderte Geduld (Wir erinnern uns an Abschnitt XII). Doch hier ist die Sachlage anders. Die Gemeinde in ihrer Verbindlichkeit kann nicht alle Vorfälle geduldig tolerieren. Die gemeindliche Verantwortung hieß früher „Kirchenzucht“, die auch öffentlich ausgeübt werden konnte. Bis in die jüngste Vergangenheit wurde sie vom Pastor oder Kirchenvorstand praktiziert, nicht nur bei Ehesachen oder Fehlverhalten. Was seelsorgerlich unter das Beichtgeheimnis fällt, müssen Pastorinnen und Pastoren mit ihrem Gewissen mittragen. Und selbst, wenn schwere Fälle vom juristisch besetzten Kirchengericht vertraulich verhandelt werden, kann nicht verhindert werden, dass es zur öffentlichen Auseinandersetzung kommt. Das Gespräch über das Verhalten der Kirche angesichts der Missbrauchsopfer ist noch nicht abgeschlossen. Verurteilen, Bestrafung und Vergebung treten in wechselnden Absichten auf, und ihr Gebrauch fordert jedenfalls Weisheit.

Zwei Einzelsprüche sind angeschlossen, die der Gemeinde in ihren Verlegenheiten helfen sollen.

Der eine gibt, feierlich formuliert, für das komplizierte Miteinander dem Gebet eine einzigartige Chance. *Wenn zwei unter euch eins werden auf Erden, worum sie bitten wollen, so soll es ihnen widerfahren von meinem Vater im Himmel.* Das ist zwar eine recht pauschale Zusicherung. Aber die urteilende Gemeinde soll wissen, dass sie nicht vor einer unpersönlichen höheren Instanz steht, sondern mit dem Vater im Himmel reden und so mit geistlicher Klärung rechnen kann. An garantierte Wunscherfüllung ist nicht gedacht.

Das abschließende Wort – die Hilfe für Bruder- und Schwesternpflichten – spricht der Auferstandene: *Denn wo zwei oder drei versammelt sind in meinem Namen, da bin ich mitten unter ihnen.* So verstand Matthäus das Zusammenleben von Christen: Der Herr ist in ihren Versammlungen geschwisterlich gegenwärtig, auch in der kleinsten Gruppe. Solch ein Wort hat über die Jahre geholfen, in der alten Mutter Kirche zuversichtlich zu leben. Die Zusage steht eingeschrieben über Kirche und Menschen. Auf den gegenwärtigen Christus Jesus richtet sich die Aufmerksamkeit, er wird Tröstliches oder Weiterführendes bewirken. Seine Präsenz ist Garant für Verbundenheit – und ohne sie, in welchen Formen auch immer, wäre Kirche nichts. Die Volkskirche in der Postmoderne muss ihre Sozialgestalt daraufhin ausrichten.

XV. Güte erregt Anstoß

Von den Arbeitern im Weinberg, Kap. 20,1-16

1 Denn das Himmelreich gleicht einem Hausherrn, der früh am Morgen ausging, um Arbeiter für seinen Weinberg einzustellen.
2 Und als er mit den Arbeitern einig wurde über einen Silbergroschen [Denar] als Tagelohn, sandte er sie in seinen Weinberg.
3 Und er ging hin um die dritte Stunde und sah andere müßig auf dem Markt stehen
4 und sprach zu ihnen: Geht ihr auch hin in den Weinberg; ich will euch geben, was recht ist.
5 Und sie gingen hin. Abermals ging er aus um die sechste und um die neunte Stunde und tat dasselbe.
6 Um die elfte Stunde aber ging er aus und fand andere und sprach zu ihnen: Was steht ihr den ganzen Tag müßig da?
7 Sie sprachen zu ihm: Es hat uns niemand eingestellt. Er sprach zu ihnen: Geht auch ihr hin in den Weinberg.
8 Als es nun Abend wurde, sprach der Herr des Weinbergs zu seinem Verwalter: Ruf die Arbeiter und gib ihnen den Lohn und fang an bei den letzten bis zu den ersten.
9 Da kamen, die um die elfte Stunde eingestellt waren, und jeder empfing seinen Silbergroschen.
10 Als aber die ersten kamen, meinten sie, sie würden mehr empfangen, und auch sie empfingen ein jeder seinen Silbergroschen.
11 Und als sie den empfingen, murrten [schimpften] sie gegen den Hausherrn
12 und sprachen: Diese letzten haben nur eine Stunde gearbeitet, doch du hast sie uns gleichgestellt, die wir des Tages Last und Hitze getragen haben.

13 Er antwortete aber und sagte zu einem von ihnen: Mein Freund, ich tu dir nicht unrecht. Bist du nicht mit mir einig geworden über einen Silbergroschen?
14 Nimm, was dein ist, und geh! Ich will aber diesen letzten dasselbe geben wie dir.
15 Oder habe ich nicht Macht zu tun, was ich will, mit dem, was mein ist? Siehst du scheel drein (ist dein Auge böse), weil ich so gütig bin?
16 So werden die Letzten die Ersten und die Ersten die Letzten sein.

Die Geschichte hatte Matthäus in die Markusüberlieferung eingeschoben und sie an Vers 19,30 angeschlossen. Gewöhnlich wird der Brennpunkt der Parabel in Gottes Gnade gesehen. Doch geht es ihm wohl wieder um die Kleinen, die hier die göttliche Großzügigkeit erleben.

Die Hörer werden wieder merken, dass die erzählerische Erfindung die ihnen schon bekannte Transparenz besitzt. Der Weinberg, auch dessen Besitzer – das hat biblische Parallelen, die diese Bilder für Gott und sein Reich verwenden.

Wenn Sie den Text laut lesen, bringen Stimme und Gestik seine Dramatik zum Ausdruck.

Auch dieses Gleichnis will vom Himmelreich erzählen, wie andersartig es ist – ärgerlich finden es die einen, überraschend wohltuend die anderen.

Im Anfang geht die Geschichte aus der Arbeitswelt ihren normalen Gang, für die Hörer oder Leser eine vertraute Situation. Tagelöhner werden angeheuert, der Lohn ist niedrig, doch mit einem *Denar*, dem Silbergroschen, konnten zehn bis zwölf Fladenbrote gekauft werden.

Mehrfach muss der Besitzer des Weinbergs neue Leute einstellen: die ersten um neun, dann um zwölf, um drei Uhr noch einmal. Recht ungewöhnlich ist, dass er kurz vor Arbeitsschluss auf dem Markt erscheint, um noch weitere Arbeiter zu finden. An sich lohnt sich das nicht mehr. Und: Was waren das für Leute, die da herumstanden?

Nun die Lohnauszahlung. Schritt für Schritt verfolgen die Umstehenden, wer was bekommt. Es beginnt bei den Letzten. Sie erhalten ihr Geld. Spätestens bei den Ersten wird laut geschimpft, weil die genau den gleichen Lohn in die Hand bekommen. Der Besitzer verteidigt sich in aller Ruhe mit dem Hinweis auf Recht und Willen des Eigentümers: *Mein Freund, ich tu dir nicht unrecht. Bist du nicht mit mir einig geworden über einen Silbergroschen? Nimm, was dein ist, und geh!* Ich will aber diesen letzten dasselbe geben wie dir. Dann der Schlusssatz, der das eigentliche Handlungsmotiv aufweist: *Siehst du scheel drein [ist dein Auge böse], weil ich so gütig bin?* Der Besitzer ist großzügig; ist der andere neidisch? Die eigentümliche Freigiebigkeit des Besitzers verursacht Ärger.

Der Erzähler will die Hörer heranholen, indem er sie verblüfft. Die Parabel zwingt sie dann zur Überlegung. Die zuerst Angeworbenen haben ja recht. Man missversteht sie leicht, sie sind nicht die Karrieremacher und Habenden. Ihr Einspruch beruht auf üblichem Recht und gewohnter Sitte. Sie protestieren gegen Eigenmächtigkeit. *Du hast sie uns gleichgestellt, die wir des Tages Last und Hitze getragen haben.* Gleichstellung ist so eine Sache.

Die zuletzt noch angeworbenen Arbeiter – wer sind sie? *Es hat uns niemand gefragt,* sagen sie. An wen dachte Jesus, an wen dachte Matthäus? War es bei Jesus, dem großen Erzähler, einfach der Griff in eine Alltagssituation, so hatte Matthäus wahrscheinlich die wenig engagierten Gemeindeglieder im Blick, die eben nie gefragt werden. Doch was immer im Dorf über sie gesagt wurde: Den Kleinen soll denen gegenüber ein Vorzug gelten, die in der Gemeinde immer das Sagen haben. Den Mitmenschen, die es nicht gut haben, gehört nicht nur mildes Verständnis. Oder wollte Matthäus „die Ersten" vor Hochmut warnen? Die Deutung bleibt offen. Jedenfalls wird hier „vor Gott sind alle gleich" konkret. Gott meint es gut mit allen. Weil das in der Gemeinde, in der Matthäus wirkt, nicht so selbstverständlich ist, muss betont werden, dass die Ersten erst einmal zurückzutreten haben. Gnade wird verschenkt. Das sollte die Haltung derer in der ersten Reihe bestimmen.

Fazit: Göttliche Güte überrascht. Da tritt nicht einfach der gern erwartete „liebe Gott" auf. Diese Vorstellung täte nicht gut, es knüpfen sich daran weder Wertschätzung noch Konsequenzen. Auch Jesu Liebe sollte gegen Verharmlosung geschützt sein. Letztendlich ist das Gleichnis nicht als Rat zur Mitmenschlichkeit gedacht, es gehört zur Erlösungsgeschichte des Menschen.

Dann ist da noch der Abschlussvers (der gleiche Text beschließt auch Kap. 19). Er scheint hinter der Geschichte zurückzutreten. Nebenbei: Für die Parabel ist er unrichtig formuliert; er müsste lauten: *So müssen die Letzten wie die Ersten, und die Ersten wie die Letzten sein.*

Zu bemerken ist, dass die Parabel mit dem Vers von den Letzten und Ersten ins gesellschaftliche Feld tritt und damit eine ständig neue Aktualität zeigt. Wie beurteilen Sie die hier vertretene Egalité? Als Abwertung der Leistungsträger, der Führungselite? Zwar entwickelte Matthäus keine Soziallehre, doch die Verantwortung für die Machtlosen ist nicht zu übersehen.

Wie schon gesagt: Viele spüren schmerzlich den Unterschied zwischen denen oben und sich unten, wobei auch Reiche arm oder mit ihren Ansprüchen höchst unglücklich sein können. An die traditionelle Ordnung der Leistungsgesellschaft mag man sich gewöhnt haben. Doch Hartz IV-Bezieher oder Niedriglohnempfänger schweigen nicht mehr.

Auf dem Wege einer geistigen Osmose ist die christliche Ethik in die Politik eingesickert und hat sich mit dem Humanismus vereinigt. Forderungen nach mehr sozialer Gerechtigkeit werden nicht überhört, und die Arbeit an einem Zusammengehörigkeitsgefühl verändert die Gesellschaft. Die Gleichnisgeschichte ist ein notwendiger Stachel im Fleisch zufriedener Bürgerlichkeit. Aber auf Fragen nach der Gottesgüte kommt man selten, obschon alle von dieser Güte leben.

XVI. So beginnt die Passion

Jesus im Tempel, Kap. 21,12-17

12 Und Jesus ging in den Tempel hinein und trieb heraus alle
Verkäufer und Käufer im Tempel und stieß die Tische der
Geldwechsler um und die Stände der Taubenhändler
13 und sprach zu ihnen: Es steht geschrieben (Jes 56,7):
„Mein Haus soll ein Bethaus heißen“, ihr aber macht eine
Räuberhöhle daraus.
14 Und es gingen zu ihm Blinde und Lahme im Tempel, und
er heilte sie.
15 Als aber die Hohenpriester und Schriftgelehrte die Wun-
der sahen, die er tat, und die Kinder, die im Tempel schrien:
Hosianna dem Sohne Davids!; entrüsteten sie sich
16 und sprachen zu ihm: Hörst du auch, was diese sagen?
Jesus antwortete ihnen: Ja! Habt ihr nie gelesen (Ps 8,3):
„Aus dem Munde der Unmündigen und Säuglinge hast du
dir Lob bereitet“?
17 Und er ließ sie stehen und ging zur Stadt hinaus nach
Betanien und blieb dort über Nacht.

Jesus hat Jerusalem erreicht. Für die Synoptiker (anders das Johannesevangelium) ist dies sein erster und einziger Besuch in der Heiligen Stadt. Auf einem Esel (die Erwähnung des zusätzlichen Füllens ist wohl eine Fehlinterpretation) reitet „der Prophet aus Nazareth“ – so Volkesstimme – ein. Matthäus kommentierte die Haltung mit dem Schriftwort: *Siehe, dein König kommt zur dir, sanftmütig.* Der demütige König. Eine sehr große Menge begrüßt ihn jubelnd: *Hosianna dem Sohne Davids!* Und die Stadt fragte: *„Wer ist der?“* Die Bevölkerung wird später die Kreuzigung fordern. Eine ambivalente Stimmung – Jubel und Unwissenheit!

Bei Matthäus hat Jesus es eilig, im Gegensatz zu Markus, der einen Tag verstreichen lässt. Was dort geschieht, hat bei ihm einen auffälligen Aufbau und Inhalt. Das Ereignis muss auf eine historische Begebenheit zurückzuführen sein. Die Verse 14-16 gehen wohl auf Matthäus zurück.

Jesus war am Ziel der Reise, die in Cäsarea Philippi begann, angelangt. Er betrat Jerusalem, das der Ort seiner Passion sein wird, und Matthäus inszenierte den ersten Tag so, dass er besonderes Gewicht bekommt. Was tut er? Bei ihm geht Jesus stracks in den Tempel. Aber nicht, um zu beten.. Als hätte er nur eins im Sinn, wendet er sich auf dem weiten Tempelplatz zum „Vorhof der Heiden". Er gilt als nicht ganz heilig. Das Treiben dort gehörte zum normalen Betrieb. Geld war für die Tempelsteuer zu wechseln, auch Opfertiere waren zu kaufen. Die Geschichte lässt ihn dort allein stehen.

Dann geschieht etwas Provokatives. Nicht dass es zu einer weitgehenden Reinigung des Tempels kommt, aber im Trubel und aller Geschäftigkeit wirft Jesus die Händler und Geldwechsler, wörtlich die „Provisionsnehmer", vom Tempelmarkt hinaus, mit Gewalt. Eine aufsehenerregende Aktion im Tempelgebiet! Mit einem heftigen Bibelzitat schimpft er: Eine *Räuberhöhle* macht ihr aus dem Haus Gottes, wo es doch ein Bethaus sein sollte. Gegenüber der zum Passafest heranziehenden Gesellschaft muss das bewusst herausfordernd gewirkt haben, und Jesus wusste ja, wie gefährdet er war.

Ist es eine politische Aktion des Messiasprätendenten? Soll auf die Wiederherstellung der Heiligkeit des Gottesdienstes hingewiesen werden? Protestiert Jesus gegen die wirtschaftliche

Macht derer, die Profit aus ihren Tempelgeschäften erwirtschafteten? Tauben werden erwähnt, weil gerade sie für arme Leute die Opfertiere waren, die sie sich leisten konnten. Oder handelt es sich um eine Zeichenhandlung, die mit der Zerstörung des Tempels zusammenhängt (von deren Bevorstehen Jesus überzeugt war)? Leider brachte Matthäus keinen längeren Bericht von diesem Eingriff (das Johannesevangelium ist da ausführlicher). Mit der Zerstörung Jerusalems im Jahre 70 gab es den Zweiten Tempel nicht mehr; für die Leute in Syrien war das Thema wohl nicht mehr von Interesse. Erst die Wirkungsgeschichte wird ausführlich. Matthäus, der die Verse zusammen gestellt hatte, wollte zu etwas anderem kommen. –

Im nächsten Bild steht Jesus im Tempel, und die vorhergehende Szene mit den Wechslern überblenden Blinde und Lahme. Der Messias erscheint in anderem Licht. Der, der Blinde und Lahme heilte, strahlt Milde und Barmherzigkeit aus. Die körperlich oder geistig Behinderten waren von der Tempelgemeinschaft nicht ausgeschlossen. Dass sie hier aber ihre Gesundheit wieder bekommen, ist das Außerordentliche. Im Zentrum des jüdischen Kultus zeigt sich der Davidssohn als der Heilende. Das war Matthäus wichtig, der diese Szene einfügte. So, wie er es schon dem Täufer hatte sagen lassen (11,5), praktiziert Jesus den Anfang der neuen Ära. Der Messias, der Christus war gekommen, dafür gab es lebenspraktische Zeichen.

Die Reaktion der Jerusalemer Religionsverantwortlichen zeigt mehr als Unwilligkeit. Auf die Tempelaktion gehen sie nicht ein. (Da scheint etwas zu fehlen.) Sie ärgern sich über die Heilung an dieser Stelle, solche prophetische Handlung lehnen sie ab. Das Kindergeschrei verstärkt ja noch die Machttat Jesu. Denn Kinder wiederholen den Psalmgesang (Ps 118,25), noch einmal ertönt das Lied vom Sohn Davids, welches das Volk schon bei

Jesu Einzug angestimmt hatte. Heilung und Belobung finden die Priester und Schriftgelehrten höchst unpassend. Sie stellen Jesus deshalb zur Rede. Die negative Reaktion bringt ein weiteres Moment der Spaltung zwischen Alt- und Neuglaubenden. Das wollte Matthäus herausstreichen: Gleich am ersten Tag erlebt Jesus Unverstand und Feindschaft.

Es mag tatsächlich nur Kinderlärm gewesen sein. Aber Jesus greift zu dem Vers aus Psalm 8 und kanzelt die Theologen damit ab. Neben Behinderte stellt er sich auch vor die Kleinen, *die Unmündigen und Säuglinge*. In Abschnitt XIII und XIV war Ihnen schon begegnet, dass die Kinder für Jesus einen besonderen Wert haben. So bekommt der Vers seinen tieferen Sinn: Die Kinder (Jugendliche) sind es, die es besser wissen. Sie haben den Sohn Davids, der eben gehandelt hatte, gepriesen. Ihnen ist etwas vom Geheimnis des Vaters und des Sohnes offenbart worden. Genau das wollte Matthäus ausdrücken. Arme, Behinderte und die Kinder geben dem Volk Gottes das besondere und auch hier provokante Profil.

Jesus lässt seine Gegner stehen und geht einfach seines Wegs nach Betanien auf die andere Seite des Ölbergs. Dort kannte er die Schwestern Maria und Martha mit ihrem Bruder Lazarus.

Die Szenen im Tempel haben bei aller Kürze ihren besonderen Rang. Tempelkritik, irritierende Heilungen, Ärger mit der Elite markieren eindrücklich die Faktoren, die zu einer Entscheidung führen – bei ihm und über ihn. Es ist nicht zu unterschlagen: Für Israel bleiben Geschichten wie diese bis heute anstößig.

Die „Tempelreinigung“, die im Text zu kurz kommt, gewinnt in der Wirkungsgeschichte. Die Künstler haben sie gerne aufgegriffen, das Motiv ist oft gemalt worden und bekam seinen Platz im Eingang der Kirche. Sicher nicht nur, weil immer Anlass besteht, den Gottesdienst rein zu halten und gegen Heuchelei und Missbrauch auf der Hut zu sein. Der Auftritt hatte einen speziellen Reiz: Den liebevollen Herrn sah man selten zornig, ja gewalttätig – so anders, als es die darauf folgende Szene schildert, wo er als der Barmherzige auftritt. Die Überlieferung scheint mir die entgegengesetzte Gefühlsregung zu unterdrücken. Dabei zeigt sie sich an mehreren Stellen: im Umgang mit seiner Mutter; in der Rede vom Schwert; in den krassen Verurteilungen derer, die ihn ablehnten.

Anders ist das Heilungsgeschehen zu verstehen. Es wird häufig überlesen – wieder ein Wunder, mögen Sie denken. Dabei zeigt es den Christus – vor dem Elend der Passion – noch einmal in seiner messianischen Vollmacht, die den Umriss des neuen Israels zeichnet: Er als Erlöser, der Hilfe bringt. Und im selben Moment bricht der Konflikt mit Hohenpriestern und Schriftgelehrten aus, das Nicht-Verstehen derer, die nicht vom alten Israel lassen können. Immer wieder stellte Jesus seine Hörer und Leser vor die Aufgabe, die andere Gesellschaftsordnung des Gottesreichs zu erkennen und zu akzeptieren. Im ersten Rang stand da das fragmentierte Leben, das angewiesen ist auf Gnade, die Gott verschenken will.

XVII. Empörung des Gastgebers

Die königliche Hochzeit, Kap. 22,1-14

*1 Und Jesus fing an und redete abermals in Gleichnissen zu
ihnen und sprach:
2 Das Himmelreich gleicht einem König, der seinem Sohn die
Hochzeit ausrichtete.
3 Und er sandte seine Knechte aus, die Gäste zur Hochzeit zu
laden, doch sie wollten nicht kommen.
4 Abermals sandte er andere Knechte aus und sprach: Sagt
den Gästen: Siehe, meine Mahlzeit habe ich bereitet, meine
Ochsen und mein Mastvieh ist geschlachtet und alles ist be-
reit, kommt zur Hochzeit.
5 Aber sie verachteten das und gingen weg, einer auf seinen
Acker, der andere an sein Geschäft.
6 Einige aber ergriffen seine Knechte, verhöhnten und töte-
ten sie.
7 Da wurde der König zornig und schickte seine Heere aus
und brachte diese Mörder um und zündete ihre Stadt an.
8 Dann sprach er zu seinen Knechten: Die Hochzeit ist zwar
bereit, aber die Gäste waren's nicht wert.
9 Darum geht hinaus auf die Straßen und ladet zur Hochzeit
ein, wen ihr findet.
10 Und die Knechte gingen auf die Straße hinaus und brach-
ten zusammen, wen sie fanden, Böse und Gute, und die Ti-
sche wurden alle voll.
11 Da ging der König hinein, sich die Gäste anzusehen, und
sah da einen Menschen, der hatte kein hochzeitliches Ge-
wand an,
12 und sprach zu ihm: Freund, wie bist du hier hereinge-
kommen und hast doch kein hochzeitliches Gewand an? Er
aber verstummte.*

13 Da sprach der König zu seinen Dienern: Bindet ihm die Hände und Füße und werft ihn in die Finsternis hinaus! Da wird Heulen und Zähneklappern sein.
14 Denn viele sind berufen, aber wenige sind auserwählt.

Die Jesusgeschichte geht dem Höhepunkt entgegen. Vor der großen Abrechnung mit Schriftgelehrten und Pharisäern (sie folgt zunächst in Kap. 23) werden drei ähnlich tendierende Geschichten erzählt. Die dritte braucht jetzt Ihre Aufmerksamkeit. Für die Matthäus-Gemeinde verband sie sich mit den eigenen Erfahrungen, abgelehnt zu werden. Diesen Kontext beachten Sie bitte! Bei Lukas finden Sie ein Gleichnis, das mit dem ersten Teil des Matthäustextes verwandt ist, doch einen anderen Schwerpunkt hat, dort geht es um „Das große Abendmahl" (Lk 14,16-24). Matthäus verfolgte mit Komposition und Erweiterung ein sehr anderes Ziel.

Weiterhin: Wieder werden wir uns mit einer Göttlichkeit auseinanderzusetzen haben, die sich nicht mit der Vorstellung vom „lieben Gott" deckt. War es im Gleichnis von den Arbeitern im Weinberg die großzügige Güte des Hausherrn, die den Ersten unverständlich blieb, so werden Sie jetzt einem empörten König begegnen.

Es geht wieder um ein Gleichnis für die andere Wirklichkeit des Himmelreichs. Mit einer Bildgeschichte wendet sich Jesus an seine Gegner. Sie ist tatsächlich ungewöhnlich.

Ein König will seinem Sohn die Hochzeit ausrichten. Ein großes Ereignis, es verbreitet sich erwartungsvolle Spannung. Jedoch schlägt sie gleich in Kopfschütteln um. Denn die mit der Einladung ausgesandten Bediensteten stoßen auf Ablehnung. Der König, nicht beleidigt, lädt erneut ein und lockt mit Tafelfreuden. Jetzt bekommen die Boten Verachtung zu hören. Man geht seinen Geschäften nach, einige werden mit Hohn handgreiflich, Ausgesandte werden sogar erschlagen. Der König reagiert mit gebotener Schärfe. Eine Strafexpedition richtet die Mörder hin, ihre Stadt wird angezündet. Ein katastrophales Ende des ersten Aktes!

Es wird pointiert erzählt, biblische Hinweise werden dabei aufgerufen. Allegorische Deutungen sind mit Vorsicht anzuwenden. Hörer oder Leser könnten unruhig fragen: Wer sind die Ablehnenden, und warum beleidigen sie den König? Sind es die Pharisäer und Schriftgelehrten, sind es die Reichen mit ihren Geschäften, für die Ochsen geschlachtet wurden? Die kleine Minderheitsgemeinde wird sich auch an Erfahrungen in Vergangenheit und Gegenwart erinnern: Propheten waren abgelehnt worden, jetzt auch Apostel und Missionare. Die Zerstörung der Stadt ließ an das Schicksal Jerusalems im Jahre 70 denken.

Mit hartem Schnitt folgt eine neue Szene. Der König verurteilt kühl die, die ihn ablehnten: *Die Gäste waren's nicht wert.* Er wendet sich von ihnen ab. Eine weitere Einladung ergeht – diesmal an alle und jeden. Geht hinaus auf die Straßen! Und die Ausgesandten *brachten zusammen, wen sie fanden, Böse und Gute.* Was für eine zusammengewürfelte Hochzeitsgesellschaft! Der Wille zu feiern, kommt dann zu einem erstaunlich erfolgreichen Ende. *Die Tische wurden alle voll.* Das mag erste Missionserfolge des Christentums spiegeln, das für alle offen sein will. Wichtiger aber ist, dass der König sein großes Fest feiert. Wenn nur die merkwürdigen Bösen nicht wären.

Mitten in der Feier dann eine zweite Katastrophe. Matthäus hatte diese Szene seiner Vorlage zugefügt – nicht gerade geschickt. Der Vorfall wird mit knappen Strichen gezeichnet. *Da ging der König hinein, sich die Gäste anzusehen, und sah da einen Menschen, der hatte kein hochzeitliches Gewand an.* Einer der Mitfeiernden fiel offensichtlich aus dem Rahmen. Zu damaliger Zeit soll der Gastgeber Festgewänder für die Eingeladenen bereitgehalten haben.

Einer dachte nicht an die Ehrung des Königs. Unangemessen gekleidet sitzt er da – was soll damit gesagt sein? War er einer von den Bösen? Es wird nicht gefragt: Warum verhältst du dich auffallend; merkst du nicht, dass du den Höchsten beleidigst? Ich sehe nur, dass die innere Haltung in Frage steht, das Gottesverhältnis Einzelner. Die Kamera schwenkte plötzlich auf die Gemeindeglieder.

Das Ende ist furchtbar. Der Mensch wird wie ein Verbrecher gefesselt und in die Finsternis geworfen. Natürlich – die Leser wissen, was gemeint ist: So wird es im Jüngsten Gericht sein, davor muss gewarnt werden. Das Heil kann einem weggenommen werden.

In dem Sinne ist der Schlussvers angehängt: *Viele sind berufen – aber wenige auserwählt.* Eine rätselhafte Formulierung, die jedoch zu keiner der beiden Vorfälle richtig passt. Heute hat sich an den Vers eine sehr eigene Wirkung angehängt. Bis heute verunsichert er treue Christen. Sollten sie einmal erfahren, das Los der Nicht-Erwählung gezogen zu haben? Gibt es eine Vorherbestimmung der Erwählung? Ich lernte, dass bei Matthäus daran noch gar nicht gedacht wurde – es war der späteren Dogmatik vorbehalten. Jeder und jede ist für seinen Weg verantwortlich, und dem schwereren Weg darf nicht ausgewichen werden (in der Bergpredigt wird von der engen und der weiten Pforte geredet, 7,13f.). In neuen Bibeln sollte der Vers nicht fettgedruckt hervorgehoben werden, finde ich.

Ich würde mich nicht wundern, wenn Sie das Gleichnis impulsiv ablehnen. Es muss Ihnen völlig unchristlich vorkommen. Sie sind damit nicht in schlechter Gesellschaft. Luther nannte den Text ein schreckliches Evangelium, über das er nicht gerne predige. Denken Sie daran, dass bei der Suche seines Sinns ein Text dieser Fremdheit besonderer Sorgfalt bedarf.

Zuerst hilft vielleicht, etwas vom Prozess seiner Entstehung zu erfahren. Der erste Abschnitt mit der Gerichtsbotschaft geht auf Jesus selbst zurück. Er war in seiner Tätigkeit mehr und mehr auf Unverständnis gestoßen und sah sich enttäuscht. „Das Volk" wollte ihm nicht folgen, was sich besonders an dem Verhalten der Führungsschicht zeigte, die ihn radikal ablehnte. Matthäus übernahm dies aus seinen Quellen, sah als Gemeindeleiter darin aber auch eigene Erfahrungen. Für ihn war es die Auseinandersetzung innerhalb der jüdischen Gemeinschaft, wer denn das wahre Israel repräsentiere. Und seine kleine Gruppe von Jesusanhängern meinte schließlich, mit der Mehrheit brechen zu müssen und verurteilte kollektiv ihr altes Israel (ich streifte das schon). Die Reaktion des Königs steht für diese Entscheidung. Noch einmal gesagt: *Die Gäste waren's nicht wert.* Der kurze Satz spiegelt den Abbruch der Gemeinschaft; Jesus hatte ihn schon zornig vollzogen, weil seine Botschaft abgelehnt wurde. Jedoch – mit der Verschriftung bekamen Worte, die im Israel-internen Konflikt ihren Ort hatten, biblische Autorität. Und nach Aufnahme des Evangeliums in den Kanon verfestigte sich das zum antijüdischen Urteil der Kirche. Unsere Bibel enthält Material, das dringend zu bearbeiten ist!

Dann zum zürnenden und strafenden König. Er steht nicht für Gott, aber so wird vorschnell ausgelegt. Sollten Sie dem folgen, würden Sie die Geschichte glattweg durchstreichen. Ich würde zögern: Nicht so schnell!

Da wurde ein grausames Bild aufgehängt. Zorn und Empörung sind zwar nachzuvollziehen (derartige Strafaktionen sind bis zum heutigen Tag ein Mittel der Politik). Doch bezüglich unserer Religion darf dies Schreckliche nicht 1:1 in das Gottesbild eingefügt werden. Das Gleichnisbild des Zornausbruchs ist zu interpretieren – nämlich als archaischer Ausdruck harten Ernstes, den keiner beiseite schieben kann, ob es ihm passt oder nicht. Gott – verborgen oder offenbar, begreifbar oder unbegreifbar – ist ernst zu nehmen. Ihm allein die Aufgabe des „Weltbeglückers" (Heinrich Heine) zu überlassen, entspringt dem Wunschgebilde der Neuzeit.

Es wird der Moment kommen, wo die Hoffnung auf letzte Gerechtigkeit mit dem Gericht über die Lebenden und die Toten erfüllt wird. Diese Vision des Christentums bestimmt direkt das gegenwärtige Tun und Lassen. Gott, also Friedenswillen, Freiheitsgeschenk, Vergebungsbereitschaft, zu verachten, hat Folgen. Oft nicht erst im Jüngsten Gericht.

Die Szene mit dem Festteilnehmer, der unpassend angezogen war, liegt anders. Offensichtlich hatte Matthäus Anlass, eine prekäre Gemeindesituation aufzugreifen. So schrieb er die Hochzeitsgeschichte weiter. Nachlässig Gewordene sollen ihr Heil nicht verspielen. Die Heiligkeit Gottes verlangt Achtung. Der Seelsorger machte den Leuten richtig Angst. Und man hatte lange, lange Zeiten Furcht vor Höllenstrafen. Heute ist zu bedenken, ob solche Texte, die kirchlich noch verstärkt wurden, nicht Menschen seelisch krank machen – ekklesiogene Neurosen sind bekannt.

Ängstliche Scheu vor dem Göttlichen gibt es in den Religionen aller Zeiten. Die heilige Unberechenbarkeit. Wenn jemand hofft, dass der heilige Gott nicht wie der beleidigte König mit seinen unvollkommenen Menschen umgehen wird, wäre das nicht billige Verharmlosung, sondern ein Glaube, der viel vom teuren Geschenk der Gnade begriffen hat.

Insgesamt teile ich mit anderen einen kritischen Gedanken. Was in der ganzen Geschichte fehlt, ist der Sohn, dem die Hochzeit galt, also Jesus. Er tritt gar nicht ins Bild. Ausleger fragen, ob hier wesentliche Grundzüge der Botschaft Jesu verschüttet sind. Die Verkündigung von grenzenloser Liebe, die Forderung der Feindesliebe – wo ist das geblieben? Das Bild vom harten Urteil im Jüngsten Gericht ist immer wieder übermalt worden von dieser Hoffnung auf Begnadigung, schwankend zwischen Verzweiflung und Trost.

Konrad Witz (gest. um 1446) malte mit seinem „Ratschluss der Erlösung“ ein bewegendes Bild: Vor seiner Menschwerdung bittet Jesus den Vater für die schuldige Menschheit, und ein Blick ins dicke Buch des Lebens zeigt: Alle Eintragungen sind gelöscht. (Gemäldegalerie Berlin)

XVIII. Gottesliebe von Herzen

Das höchste Gebot, Kap. 22,34-40

34 Als aber die Pharisäer hörten, dass er den Sadduzäern das Maul gestopft hatte, versammelten sie sich.
35 Und einer von ihnen, ein Schriftgelehrter [Gesetzeskundiger], versuchte ihn und fragte:
36 Meister, welches ist das höchste Gebot im Gesetz?
37 Jesus aber antwortete ihm: Du sollst den Herrn, deinen Gott, lieben von ganzem Herzen, von ganzer Seele und von ganzem Gemüt [mit deinem ganzen Denkvermögen] (5.Mose 6,5).
38 Dies ist das höchste und größte Gebot.
39 Das andere aber ist dem gleich: Du sollst deinen Nächsten lieben wie dich selbst (3.Mose 19,18).
40 In diesen beiden Geboten hängt das ganze Gesetz und die Propheten.

Sie befinden sich in Jerusalem, am zweiten Tag nach dem Einzug. Jesus lehrte im Tempel und hatte Streitgespräche, auch mit der Gruppe, die seinen Tod will. Es geht aufs Ende zu.

Den Text übernahm Matthäus von Markus, gab ihm aber ein anderes Gesicht. Aus einem vernünftigen Schriftgelehrten wurde einer, der Jesus zu überführen versucht. Seine Frage nach dem Wichtigsten des frommen Gehorsams bekommt eine grundlegende Antwort zur Sache der Gebote. Matthäus wird dabei die Worte aus der Bergpredigt im Sinn gehabt haben – nämlich die über Jesu Stellung zum Gesetz, zur Feindesliebe und von der „Goldenen Regel“ (7,12).

Die Gebote – in Israel ordneten sie das Leben bis in seine Verästelungen hinein. Auch für die kleinste Situation fand sich eine

Weisung. Ich muss Ihnen von diesem Lebenselement etwas berichten, weil es uns recht fern steht. Natürlich wissen Sie von den Zehn Geboten. Die kann man als ABC des Glaubensgehorsams sehen. Gesetzeskundige konnten die 248 Gebote und 365 Verbote für den einzelnen Fall auslegen. Jeder ging und stand damit in der Nähe des himmlischen Herrn. Es herrschte eine heilige Ordnung.

Hören Sie nur das berühmte „Höre, Israel", das Sch'ma, aus 5. Mose, Kap. 6:

Höre, Israel, der Herr, unser Gott, ist Gott allein. Und du sollst den Herrn, deinen Gott lieb haben von ganzem Herzen, von ganzer Seele und von aller deiner Kraft. Und diese Worte, die ich dir heute gebiete, sollst du zu Herzen nehmen und sollst sie deinen Kindern einschärfen und davon reden, wenn du in deinem Haus sitzt oder unterwegs bist, wenn du dich niederlegst oder aufstehst. Und du sollst sie binden zum Zeichen auf deine Hand, und sie sollen dir ein Merkzeichen zwischen den Augen sein, und du sollst sie schreiben auf die Pfosten deines Hauses und an die Tore.

Welch eine Lebensordnung! Es soll nie Vergessen und Vertun geben. Ein Ritus unterstützt die Frommen. Das judenchristliche Matthäusevangelium kam aus dieser Tradition.

Dies hatten Hörer und Leser im Kopf. Die Frage des Schriftgelehrten war nicht aus der Luft gegriffen. Aber sie war hier gestellt, um Jesus zu versuchen. Würde er am Gesetz vorbeigehen und das höchste Gebot womöglich auf sich selber beziehen?

Nein, er tat es nicht. Fest in der Tradition stehend, antwortete er mit dem Beginn des „Sch'ma". *Du sollst den Herr, deinen Gott, lieben ...* Das war die Sache auch seiner Frömmigkeit.

Für Israel war Gott nicht eine ungreifbare Wesenheit, sondern der Herr, der sich seinem Volk offenbart hatte. Israel verehrte den Gott, der ihm einen Auftrag für die Welt gegeben hatte, als Vater und Mutter. Wenn Jesus einfach mit dem Gebot der Gottesliebe antwortet, umfasste das alles, was er von dem „Vater im Himmel" zu sagen wusste. Es füllt sich ja ohne weiteres mit der Fülle von Erfahrungen, und die sind liebenswert: die Schöpfung von Welt und Mensch, die gnädige Führung seines Volkes, der Beistand, auf den man sich verlassen kann. Das Liebesgebot ist die andere Seite von Gottes unendlicher Liebe. Von deinem Gott sollst du dich nicht bedrückt fühlen! Das ist die Aufforderung zu einem inspirierenden, persönlichen Gottesverhältnis. Sie führt zu der Antwort „Ja, ich liebe dich". Auf den Gedanken zu kommen, dass „Liebe" und „Gebot" überhaupt nicht zusammen passen, wäre ein großes Missverständnis.

Ohne Vorbehalte soll der Fromme sich mit diesem einzigartigen Gott verbunden wissen. Das Gebot will nicht mehr und nicht weniger als die Beziehung zu Gott, wertvoll über alles, schützen.

Schon im Judentum wie auch in späterer Wirkungsgeschichte wurde allerdings das Gebot pädagogisch ausgelegt. Wie bei Kindern sollte sich Liebe in Gehorsam ablesen lassen. An einen Gebotszwang zu denken, hat die Religion immer wieder belastet. Umso wichtiger ist mir, das *Den-Herrn-lieben* als das Gebot zu verstehen, das der Religion Herzlichkeit zusichert. Unsere Religion lebt aus einer engen, bereichernd empfundenen Beziehung. Dass wir jüdischem Wissen und jüdischem Glauben dieses Gebot verdanken, verstärkt noch einmal mehr die jüdisch-christliche Verbundenheit. Das Hohelied der Liebe, wie es Paulus formulierte, steht dicht daneben.

Dazu stellt Jesus ein zweites Gebot – ein uraltes Stück aus jüdischer Gewissensbildung. Die Nächstenliebe. Jesus stellt sie der Gottesliebe gleich. Das von Jesus zitierte Wort finden Sie in einer Reihe zur Heiligung des Alltags. In 3.Mose 19 steht – neben stehlen, lügen, falsch schwören, kein Verleumder sein, nicht Rache üben – dann auch das Gebot, das das Verhalten dem sozial schwachen Nächsten gegenüber regelt. Die Nächstenliebe war ins Gastrecht aufgenommen, das universale Verständnis des Nächstenliebe-Gebotes kam im hellenistischen Judentum dazu. Selbst die Feindesliebe kannte die jüdische Ethik. Im Volk Israel ist Solidarität gefragt. Das Evangelium nimmt das auf. Jeder wird als Nächster gesehen, auch der Fremde. Das gehörte nun zum Grundbestand der „Frohen Botschaft“. Lukas fügte die Gebotsforderung mit der Geschichte vom barmherzigen Samariter zusammen, und die Samariter galten als Nicht-Juden.

Die Forderung von Nächstenliebe ist eins der Bibelworte, die die Welt langsam zivilisiert haben, es wurde zur Grundlage der Humanität. Ein Appell, der sofort das Gewissen aktiviert: *Du sollst deinen Nächsten lieben.* Noch immer verpflichtet das Einzelne wie die Gesellschaft, auch wenn man nicht mehr weiß, woher der Impuls kam.

Jesu Wort aus der Bergpredigt ist hier nicht zu übergehen: *Liebet eure Feinde und bittet für die, die euch verfolgen, damit ihr Kinder seid eures Vaters im Himmel.* Feindesliebe ist eine Radikalisierung, die die Nächstenliebe sehr schwer machen kann.

Wir haben es hier mit zwei biblischen Grundprinzipien zu tun. Matthäus fasste beide zusammen als Ausdruck der gesamten Schrift. An dem Zwillingsgebot sieht er das ganze Gesetz und die Propheten hängen. Er blieb in der jüdischen Tradition, gab ihnen aber weiten Raum. In dem Sinn stelle ich ein kleines Gebot dazu.

Denn das Gebot hat eine Fortsetzung. Die drei kurzen Wörter am Ende sind leicht zu übersehen. *Wie dich selbst*, sollst du deinen Nächsten lieben. Ein Maßstab wurde mitgegeben. Die Christenpflicht fordert nichts, was die eigene Kraft überfordert. Heutzutage hat das kleine Anhängsel an Bedeutung gewonnen. Eine falsch verstandene Christlichkeit hatte nur an ein Sichselbst-Hinopfern gedacht, an sich selbst zu denken, wurde unterdrückt. Die Auslegung unserer Tage korrigiert das. Selbstliebe meint nicht Selbstsucht, nicht Egoismus. Die zerrissenen, unzufriedenen, leicht zur Depression neigenden Zeitgenossen bekommen hier ein drittes Gebot für ein gesundes Verhältnis zu sich selbst. Das hilft, Ja zu sich selbst zu sagen. Verachte dich nicht, du bist von Gott geliebt.

Eine Überlegung geht mir im Rückblick auf die zwei Gebote durch den Kopf. Verhalten sie sich gleichgewichtig zueinander? Das ethische Gebot der Nächstenliebe ist unmittelbar einsichtig, weil es direkt praktisch ist. Der Nächste hat mehr als nur sein Recht. Mit dem religiösen Gebot der Gottesliebe ist nicht so leicht umzugehen. Das Liebenswerte im Gottesverhältnis wird im Gottesdienst besungen und gepriesen, doch im Alltag bedenkt man still für sich, dass Gott auf seine Weise in der Nähe war und ist und sein wird.

Sehen Sie doch auf Ihren höchstpersönlichen Glauben. Beruht er nicht auf Erkenntnissen? Ich sehe die Gottesliebe, wie sie, von Jesu Samen eingesenkt, in Herz und Kopf Wurzeln geschlagen hat und in Gedanken und voller Gefühl Frucht bringt. Manchmal überfällt einen diese Liebe geradezu. Im Alltag setzt man seine Mosaiksteine zusammen: Grundvertrauen und Geborgenheit, seelische und körperliche Kraft, Gelingendes oder

Durchgetragenes, Gnade in allem. Und Liebe wird das andere Wort für Dank. Vom „höchsten Glück" braucht nicht gleich die Rede zu sein.

Gottesliebe ist nicht von der Nächstenliebe zu trennen. Doch sei ihre Eigenständigkeit nicht vergessen. Der gar nicht so kleine Unterschied ist nicht einzuebnen. Gottesliebe geht nicht in Nächstenliebe auf, sie begründet sie und trägt sie.

Unsere Generation hat allerdings ein Problem, das sei noch angemerkt. Die Vorväter um 1900 – wenn sie liberal eingestellt waren – meinten überkonfessionell, das Religiöse äußere sich im Sittlichen. So hätte es Jesus verstanden, sagten sie. „Rastlos wirken, Liebe üben und ehrfürchtig sein, heißt leben", das Wort wählten meine Eltern 1926 als Trauspruch. Das war ihre Religiosität. Sie sollte sich in der Ethik bewähren und verehrte mit dem schleiermacherischen „Gefühl der schlechthinnigen Abhängigkeit" das Höhere. Da durchzieht eine Wesenheit, göttlich zu nennen, das Universum, und der kleine Mensch fühlt sich überwältigt und in ihrer Harmonie aufgehoben. Solche Frömmigkeit hat der deutschen, evangelisch bestimmten Volksreligion ihren Stempel aufgedrückt.

Der undogmatische, kirchenkritische Kulturprotestantismus wird stärker, und Grundelemente aus dem bibischen Denkgebäude werden abgerissen. Gehört das zur christlichen Freiheit, die in der weitergehenden Auslegungsgeschichte die Akzente neu setzt? Oder wird das biblische Gottesverständnis zeitgemäß vereinfacht? Das wird zu prüfen sein.

XIX. Was habt ihr getan?

Die Rede vom Weltgericht, Kap. 25,31-46

*31 Wenn aber der Menschensohn kommen wird in seiner
Herrlichkeit, und alle Engel mit ihm, dann wird er sitzen auf
dem Thron seiner Herrlichkeit
32 und alle Völker werden vor ihm versammelt werden. Und
er wird sie voneinander scheiden, wie ein Hirte die Schafe
von den Böcken scheidet,
33 und wird die Schafe zu seiner Rechten stellen und die Böcke zu seiner Linken.
34 Da wird dann der König sagen zu denen zu seiner Rechten: Kommt her, ihr Gesegneten meines Vaters, ererbt das
Reich, das euch bereitet ist von Anbeginn der Welt!
35 Denn ich bin hungrig gewesen, und ihr habt mir zu essen
gegeben. Ich bin durstig gewesen, und ihr habt mir zu trinken gegeben. Ich bin ein Fremder gewesen, und ihr habt
mich aufgenommen.
36 Ich bin nackt gewesen, und ihr habt mich bekleidet. Ich
bin krank gewesen, und ihr habt mich besucht. Ich bin im
Gefängnis gewesen, und ihr seid zu mir gekommen.
37 Dann werden ihm die Gerechten antworten und sagen:
Herr, wann haben wir dich hungrig gesehen und haben dir
zu essen gegeben? Oder durstig und haben dir zu trinken
gegeben?
38 Wann haben wir dich als Fremden gesehen und haben
dich aufgenommen?
39 Wann haben wir dich krank oder im Gefängnis gesehen
und sind zu dir gekommen?
40 Und der König wird antworten und zu ihnen sagen:
Wahrlich, ich sage euch: Was ihr getan habt einem von diesen meiner geringsten Brüdern, das habt ihr mir getan.*

41 Dann wird er auch sagen zu denen zur Linken: Geht weg von mir, ihr Verfluchten, in das ewige Feuer, das bereitet ist dem Teufel und seinen Engeln!
42 Denn ich bin hungrig gewesen, und ihr habt mir nicht zu essen gegeben. Ich bin durstig gewesen, und ihr habt mir nicht zu trinken gegeben.
43 Ich bin ein Fremder gewesen, und ihr habt mich nicht aufgenommen. Ich bin krank und im Gefängnis gewesen, und ihr habt mich nicht besucht.
44 Da werden sie ihm auch antworten und sagen: Herr, wann haben wir dich hungrig oder durstig gesehen oder als Fremder oder nackt oder krank oder im Gefängnis und haben dir nicht gedient?
45 Dann wird er ihnen antworten und sagen: Wahrlich, ich sage euch: Was ihr nicht getan habt einem von diesen Geringsten, das habt ihr mir auch nicht getan.
46 Und sie werden hingehen: diese zur ewigen Strafe, aber die Gerechten in das ewige Leben.

Haben Sie einmal vor alten Kirchenportalen gestanden und sich genauer angesehen, welches Bilderbuch dort aufgeschlagen wird? Meist fällt der Blick auf eine Darstellung des Weltgerichts. Diese sollten die Eintretenden vor allem wahrnehmen. Nach links (also realiter nach rechts) führen Engel die Seligen ins Paradies, zur anderen Seite werden die Gerichteten, Päpste und Priester ebenso wie einfache Männer und Frauen, von Teufeln in die Hölle gezerrt. Und das Drama auf der rechten Bildseite findet immer das größere Interesse, und ein bisschen von der mittelalterlichen Angst vorm „Tag des Zorns" ist hängen geblieben.

Matthäus hatte den Text – es handelt sich um eine bildreiche Rede, weniger um ein Gleichnis – an einen Platz höchster Auffälligkeit platziert. Die Geschichten sind abgeschlossen, die Endzeitreden gehalten, in den Texten tickt die Zeituhr. Was wird sein, wenn der Herr, der Menschensohn, *auf den Wolken des Himmels* eintrifft? Noch einmal mahnen Worte zur Wachsamkeit. Dann, bevor die Passionstage beginnen, die letzte Unterweisung, die Zuspitzung aller Jesusgeschichten. Der Menschensohn ist *in seiner Herrlichkeit* erschienen, die Zeit endet mit dem Weltgericht.

Der Text kann, so die Forschung, von Jesus stammen, aber wohl eher von einem frühen judenchristlichen Verfasser; es lassen sich sprachlich viele jüdische Parallelen finden. Die Rede passt völlig in die matthäische Theologie.

Die Rede gibt einen Blick in das Ende. Der Wiedergekommene hat seinen Platz auf dem Thron der Herrschaft eingenommen.

Die Szene ist grandios aufgebaut. *Alle Völker* werden vor ihm versammelt. Was wird der Weltenherr sagen, was anordnen? Ohne weitere Erklärungen vollzieht er eine Scheidung der Menschheit, wie ein Hirte Schafe von den bald zu schlachtenden Zicklein trennt. Die einen lässt er auf die rechte Seite treten (in den Bildern nach links), die anderen auf die linke. Dann wendet er sich an die zu seiner Rechten, und was er sagt, ist zum Kopfschütteln überraschend. Ohne vorherige Verhöre holt er die zur Rechten zu sich, spricht sie an als Gesegnete seines Vaters und lässt ihnen das Erbe zuteil werden. Das Reich war für sie vorgesehen von Anfang der Welt. Wie sich das auf dem Globus abspielen kann, spielt nichts zur Sache. Der Menschensohn weiß, warum er so urteilt. Das Urteil gilt, die Überraschung soll sein.

Nach jüdischer Regel folgt der Gerichtsdialog. Die Begründung des Urteils erhärtet das Geschehene: „Liebeswerke“ geben den

Ausschlag. Zweimal drei gute Taten hebt der König hervor: Essen für die Hungrigen, Wasser für die Durstigen, Aufnahme von Fremden; Bekleidung der Nackten, Besuche bei den Kranken, Aufsuchen derer im Gefängnis. Bis auf die Gefangenenbesuche sind sie dem Judentum vertraut (das siebte Werk der Barmherzigkeit, Tote bestatten, wird bald hinzugefügt werden). Aber verblüffend ist: Die Wohltaten waren IHM angetan. Er identifiziert sich mit den Hungrigen, Durstigen und Fremden, den Nackten, Kranken und Gefangenen. Der Richter war der eigentlich Betroffene.

Die Gesegneten reagieren mit völligem Unwissen. Wann hätten sie dies oder das getan? Sie haben von ihrem Handeln keine Erinnerung, was war Besonderes dabei? Ein großes Gemurmel muss geherrscht haben. Dann kommt die Antwort, feierlich ausgesprochen und damals wie heute einprägsam: *Amen, ich sage euch: Was ihr getan habt einem von diesen meiner geringsten Brüdern, das habt ihr mir getan.* Dieses Wort – noch einmal ausdrücklich die Identifikation – ist Angelpunkt des gesamten Textes.

Die Wendung „zu denen linker Hand" spiegelt genau das Gegenteil. Sie haben nichts getan und fragen: „Wann sollten wir denn ...?" Sie trifft ein furchtbarer Fluch. *Geht weg von mir in das ewige Feuer, das bereitet ist dem Teufel und seinen Engeln. Denn: Amen, ich sage euch, Was ihr nicht getan habt einem von diesen Geringsten, das habt ihr mir auch nicht getan.*

So gehen die Verlorenen hin zur ewigen Strafe, die Geretteten, die Gerechten, zum ewigen Leben. So schließt die Versammlung. Was wir zu gern hätten wissen wollen, bleibt im Ungesagten. Die Kürze des Ausdrucks ist literarisches Mittel; es konzentriert die Szene.

Sie werden erst einmal Atem holen müssen. Entsetzensgefühle überfallen die Zuhörer. Die Verdammung trifft sie, als sei das eigene schlechte Gewissen aufgescheucht. Es ist schon bezeichnend, dass man zuerst von der Verurteilung gebannt ist. Man kommt gar nicht dazu, sich über das Lob für die zur Rechten zu freuen – wo doch die Geschichte hier, auf der positiven Seite, ihr Hauptgewicht hat. Es müsste gewürdigt werden, dass Menschen ganz unauffällig gebrochenes Leben wieder aufrichteten, dass der Menschensohn das sah und es jetzt hervorhebt. Rufe nach Verteidigung der Verurteilten und Vorwürfe an das hohe Gericht können sich später äußern.

Ja – der Menschensohn wird das Tun der Menschheit auf die Waage legen (dass er „vergelten" wird, 16,27, klingt mir sehr nach Aufrechnung). Muss ich das Wort „Werkgerechtigkeit" fürchten? Das wirft der Protestantismus der Matthäustheologie vor, die Gnade würde damit degradiert. An geplantem Engagement, an gezielter Aktivität, ist aber offenbar gar nicht gedacht, Aufsehen nicht erkauft. Was die zur Rechten getan haben, wissen sie nicht mehr. Es handelte sich um Alltägliches, nur um aufmerksame Mitmenschlichkeit, Tun, das wieder vergessen wird, aber dem Leben geholfen hat.

Befragen wir den Text genauer. Wo spielt die Szene überhaupt? Sie ist ja bildlich gar nicht zu füllen. Alles ist nur gesprochen. Wo ist der Ort für die Völkerversammlung, wie viele werden nach rechts oder links geschickt, wie vollzieht sich die Entgegennahme des Erbes? Allein die Vorstellung vom Abgang ins ewige Feuer hat etwas Bildhaftes. Zweifellos wird die Universalität aufgerufen; es geht ja um das Ende der Welt. Jedoch stand der Erzähler Matthäus nicht vor den Völkern des Mittelmeerraums, sondern vor seiner Gemeinde. Sie soll hören, was mit ihnen, den Gemeindegliedern, werden könnte.

Die Hörenden haben sich jetzt zu prüfen: Werden wir töricht oder klug sein? Die beiden Dialoge geben ihnen Anreiz, den besseren der vorgezeichneten Wege zu suchen. Sie haben noch die Chance, sich zu ändern, so dass sie nicht die übersehen, die Jesus „diese meine geringsten Brüder“ nannte (vgl. *Wer den Willen tut meines Vaters im Himmel, der ist mein Bruder und Schwester und Mutter,* 12,50). Sie würden dann Licht der Welt und Salz der Erde sein. An die Hörer oder Leser ist die Rede gerichtet.

Was hier herausgestrichen wird, hatte Jesus immer wieder eingeschärft. Mit ihm kommt Heil zu den Niedrigen und Kleinen, zu Armen und Bedürftigen. Dort „ist“ er, dort wird für Gebende und Empfangende Gott erfahrbar. Wenn seine Jünger in diese Richtung gehen, treffen sie auf ihn, sind sie in seinem Reich. Im Niedrigwerden und Dienen erfüllt sich die Religion, die Jesus verkündete. Das ist die Spitze des Evangeliums, das Menschen glücklich macht, aber immer wird es Anstoß erregen. Leo Tolstoi hatte das verstanden, als er die Erzählung „Wo die Liebe ist, da ist auch Gott“ schrieb.

Ich finde, das genaue Hinsehen auf den Text hat Ihr Entsetzen verwandelt. Ich hoffe, Sie können dem zustimmen. Der erste Schreck über die Verdammung, ja, über den verdammenden Christus, tritt zurück. Sehnsucht nach dem, was richtig und gerecht ist, rückt nahe, auch nachdenkliche Selbstprüfung: *Herr, bin ich's,* den du verurteilen müsstest? Wie handle ich jetzt? Sehe ich weniger nach oben und mehr nach unten? Freue ich mich, wenn mir dann und wann bewusst wird, dass das Christentum mich geprägt hat und letztlich Jesus mir beibrachte, ungezwungen über mich hinauszusehen? Nicht, dass Sie dabei auf den Eingang ins Paradies reflektieren würden.

Lassen Sie uns einen Schritt weiter gehen. Wer heute von diesem Weltgericht liest, wird über den ursprünglichen Sinn der Matthäusworte hinausdenken. Das Evangelium war in die Welt getreten. Das Liebesgebot einschließlich des Gebots zur Feindesliebe hatte die Grenze der matthäischen Minderheitsgemeinde durchbrochen. Die Botschaft vom letzten Gericht wird also nicht nur den Gemeindekreis betreffen. Die Sorge für die Bedürftigen hat universal zu gelten.

Unser Gottesverständnis hat sich erweitert: Unser Gott begegnet uns im Diesseits, in jedem seiner Geschöpfe. Verstehen Sie das nicht als selbstverständliche Aussage, die irgendwem einmal eingefallen ist. Die Erkenntnis wird Ihnen zugesprochen; Jesus schenkt die Augen, mit denen Sie in jedem Armen Gott erkennen können. Das Christentum heute versteht ihren Herrn so, dass er für jeden da ist. Wie schon zu Matthäus Zeiten die Nichtjuden aufgenommen wurden, so verstehen wir heute die „Kleinen" als jesusähnliche Brüder. Großflächig gesehen: Die Christenheit hilft dem grassierenden Hunger mit „Brot für die Welt".

Eine letzte Frage ist noch zu stellen: Wie sehen Sie jetzt die Verfluchung derer zur Linken? Sie erinnern sich, dass wir Gerichtsworten öfter begegneten und versucht hatten, diesen sich durchziehenden Grundton des Matthäus, seine heftigen Warnungen, zu verstehen. Grobe Verfluchung, das ist damals wie heute Wut und Verdammung in eins. Für Matthäus in seinem jüdischen Herkommen und im Nachklang der Enderwartung bedeutete sie allerdings mehr als Angstmache. Sein Lehrer Jesus Christus hatte aus Sorge um Menschenleben die Buße gepredigt und mit allen Konsequenzen Nachfolge gefordert. Die Erfahrung von törichtem Versagen der Jüngerschaft, von erkalteter Liebe, von Machtansprüchen führte zu Androhungen, damit das Heil nicht verloren ginge. Schließlich ging und geht es um Gottes Reich. Nur Menschen und Gemeinden, die ehrlich mit den Worten des Herrn leben, können überzeugen. Die Verantwortung für unser Handeln ist nicht Privatsache, die Gewissensprüfung braucht die Kirche.

Die Rede vom Weltgericht ist in der ersten Reihe Predigttext am letzten Sonntag des Kirchenjahres, also vor dem ersten Adventssonntag.

XX. Das bleibende Gedächtnis

Das Abendmahl, Kap. 26,17-30

Die Vorbereitung

Vorher wird von der Salbung in Betanien und dem Verrat des Judas berichtet.

17 Aber am ersten Tage der Ungesäuerten Brote traten die Jünger zu Jesus und fragten: Wo willst du, dass wir dir das Passalamm zum Essen bereiten?

18 Er sprach: Geht hin in die Stadt zu einem [Sowieso] und sprecht zu ihm: Der Meister lässt dir sagen: Meine Zeit ist nahe; ich will bei dir das Passa feiern mit meinen Jüngern.

19 Und die Jünger taten, wie ihnen Jesus befohlen hatte, und bereiteten das Passalamm.

Jesus, der Wissende; die Jünger in Selbstprüfung

20 Und am Abend setzte er sich zu Tisch [legte er sich zu Tisch] mit den Zwölfen.

21 Und als sie aßen, sprach er: Wahrlich, ich sage auch: Einer unter euch wird mich verraten.

22 Und sie wurden sehr betrübt und fingen an, jeder einzeln, ihn zu fragen: Herr, bin ich's?

23 Er antwortete und sprach: Der die Hand mit mir in die Schüssel taucht, der wird mich verraten.

24 Der Menschensohn geht zwar dahin [wird sterben], wie von ihm geschrieben steht; doch wehe dem Menschen, durch den der Menschensohn verraten wird! Es wäre für diesen Menschen besser, dass er nie geboren wäre.

25 Da antwortete Judas, der ihn verriet und sprach: Bin ich's, Rabbi? Er sprach zu ihm: Du sagst es!

Die Symbolhandlung des neuen Bundes

26 Als sie aber aßen, nahm Jesus das Brot, dankte und brach's und gab's den Jüngern und sprach: Nehmet, esset, das ist mein Leib.
27 Und er nahm den Kelch und dankte, gab ihnen den und sprach: Trinket alle daraus;
28 [denn] das ist mein „Blut des Bundes", das vergossen wird für viele zur Vergebung der Sünden.
29 Ich sage euch: Ich werde von nun an nicht mehr von diesem Gewächs des Weinstocks trinken bis an den Tag, an dem ich von neuem davon trinken werde mit euch in meines Vaters Reich.
30 Und als sie den Lobgesang gesungen hatten, gingen sie hinaus an den Ölberg.

Es folgt die Ankündigung der Verleugnung des Petrus und die Gethsemane-Szene.

Der Text kommt aus alter Überlieferung. Der Vergleich mit den beiden anderen synoptischen Evangelien zeigt enge Verwandtschaft untereinander, ebenso aber unterschiedliche Ausformungen. Die Evangelisten berichten aus ihrer Quelle. Die Einsetzungsworte liegen in zwei Strängen vor, einer von Markus und Matthäus, der andere bei Paulus und Lukas. Johannes lässt das Abendmahl aus, bringt dafür die Fußwaschung. Der Text bei Matthäus ist von seiner Theologie bestimmt, eine liturgische Formung ist auffällig.

Es war in den Gemeinden schon in der ersten Generation nach Jesu Tod ein fester Ritus entstanden (Paulus: *Ich habe von dem Herrn empfangen, was ich euch weitergegeben habe,* 1.Kor 11). Das Handeln Jesu war immer zu wiederholen (Paulus: *Das tut, so oft ihr daraus trinkt, zu meinem Gedächtnis*, Lukas ähnlich beim Brotwort). Die Kirchen haben die Überlieferung für den Gebrauch harmonisiert. So ist der Text in der römisch-katholischen wie in der evangelischen Liturgie nahezu gleich. Dazu „Eucharistie“ zu sagen (das heißt „Danksagung“), ist nicht verkehrt.

Unsere Kirchen begehen, inzwischen mehr oder weniger intensiv, den „Gründonnerstag“ als Tag der Einsetzung des Heiligen Abendmahls.

Das Passa beginnt, die Tage der Ungesäuerten Brote sind vorzubereiten. Israel feiert den befreienden Auszug aus der Sklaverei in Ägypten. Es ist ein Mahl der ganzen Familie. Jesus, der Herr, will das Fest mit seinen Jüngern begehen. Sie müssen ihn fragen, offenbar kennt er den Gastwirt. Noch ist nicht erkennbar, dass es nicht zu einem Passamahl kommen wird, das Fest gibt nur den Rahmen. Der für Jesus bestimmte Plan ist von Gott; was sich nun erfüllen wird, gestaltet er mit. *Meine Zeit ist nahe.*

Am Abend liegt man zu Tisch, bereit zu dem, was später auch das „Herrenmahl“ heißt, das Mahl mit ihm, dem Herrn. Zu Beginn gibt es nur ein Thema (wie bei Markus): Jesus, der Wissende, offenbart seinen Jüngern, was geschehen wird. Es betrifft den engsten Kreis. *Einer unter euch wird mich verraten.* Den Namen des Verräters behält er für sich. Die Jünger, erschüttert, wie sie sind, führt das in aufgeregte Selbstprüfung: *Sie wurden sehr betrübt und fingen an, jeder einzeln, ihn zu fragen: Herr, bin ich's?* Jesus weist sie nur auf ein Zeichen: *Der die Hand mit mir in die Schüssel taucht, der wird mich verraten.* In beherrschter Ruhe erklärt er, was geschehen wird. Ja, sein Sterben steht, wie geschrieben ist, bevor, doch wehe dem Schuldigen. Göttlicher Plan und menschliches Mitwirken liegen ineinander.

Auch Judas fragt, so als wüsste er nichts. *Bin ich's, Rabbi?* Den Meister mit Rabbi anzusprechen, weist hin auf unselige Distanz zum Herrn. Der bestätigt nur den Frager.

Um den Verrat herum bleibt einiges offen. Bei Matthäus erscheint Judas Ischariot ausdrücklich als Verräter (er wird allerdings sein Tun bereuen). Es ist immer wieder seine Ehrenrettung versucht worden (z.B. Walter Jens, der Filmemacher Martin Scorsese). Matthäus strich aber damit in aller Schärfe eins heraus, nämlich die innere Gefährdung mitten in der Gemeinde. Jesus Christus kann verraten werden. Es war schon geschrieben: *Es müssen ja Verführungen kommen; doch weh dem Menschen, der zum Abfall verführt* (18,7-9). Wie ich schon sagte, ist die Christengemeinde keineswegs vollkommen – doch wehe dem, der verführt. Ist das das letzte Wort?

Der Bericht macht einen Sprung. Es ist ruhig geworden. Von einem Passamahl ist nicht mehr die Rede, vom vorgeschriebenen Festbrauch des Judentums keine Spur. Nachdem mit dem Essen begonnen ist, spricht Jesus und deutet, was er jetzt tun wird. Die Bedeutung liegt in einer Zeichenhandlung, Brot und Wein gehören in einen Vollzug. Denn mit den Worten teilt er sich mit, und die Gaben sind sowohl „sichtbares Wort" als auch Symbole, deren Realität spürbar einverleibt wird. Christuswirklichkeit wird ganzheitlich aufgenommen, in der Mahlgemeinschaft selbst geschieht Christusgegenwart, und an den Einsetzungsworten hängt ein Ereignis, das bleibend wirken wird. Lutherisch ist von der „Realpräsenz" Jesu die Rede. „Über alle Vernunft" hat sie Wirksamkeit.

Essen und Trinken wird ein wunderbares Zusammenspiel in der Gegenwart Christi. Es geht nicht um dogmatische Formeln, nicht um die Elemente. Darüber hatten sich Evangelische und Katholiken ebenso wie Lutheraner und Reformierte heftig gestritten – zur katholischen Theologie mit ihrer priesterlichen Messopfer- und Wandlungslehre besteht weiterhin der Lehrunterschied.

Zuerst greift Jesus zum Brot. *Er nahm das Brot, dankte und brach's und gab's den Jüngern und sprach: Nehmet, esset, das ist mein Leib.* Jesus hat es in den Händen, er dankt Gott dafür, zerreißt es symbolhaft, und indem er es den Jüngern gibt und selbst teilnimmt, gibt er sich hinein in die Gemeinschaft. Sie nehmen an seinem Geschick teil, und sie wissen noch gar nicht, was das bedeutet.

Dann nimmt er den Kelch mit dem Wein zum zweiten Teil der Handlung. Parallel zum Brotwort, doch ausführlicher, formulierte Matthäus: *Und er nahm den Kelch und dankte, gab ihnen den und sprach: Trinket alle daraus; das ist mein „Blut des Bundes", das vergossen wird für viele zur Vergebung der Sünden.* Teilhabe an ihm – wieder gibt Jesus sich sinnenfällig in seine Gemeinde; wieder steht alles in der sich opfernden Lebenshingabe Jesu. Auch hier geschieht Geben und Nehmen, wie es sich im gemeinsamen Trinken aus dem einen Kelch darstellt. Brot und Kelch – Tischgemeinschaft mit Gott und Gemeinschaftsmahl der Gemeinde, Communio.

Die Deuteworte von „seinem Blut des Bundes" muss ich Ihnen zu erklären suchen. Sie sind tatsächlich nicht leicht verständlich und werden heute oft gefühlsmäßig abgelehnt. Das Kelchwort nimmt – ganz jüdisch – die uralte Symbolhandlung vom Bundesschluss Gottes mit Israel (2.Mose 24,3-8) auf. Nach Anerkennung der göttlichen Rechtssatzung und der Darbringung von Dankopfern hatte damals ein Blutritus die Bundespartner feierlich zusammengeschlossen. Doch jetzt wird ein neuer Bund geschlossen. Jesus erklärt sich selbst als das vergossene Blut; der Kelchtrank besiegelt den neuen Bund (das „Neue Testament“). Jesus wagt (so muss ich schon sagen) im Heiligen Mahl ein ehrwürdiges Erbe aufzuheben – es ist ein Moment einmaliger Souveränität mit einschneidenden Folgen.

Matthäus vertieft noch, was geschieht. Im Vollzug des Mahls ist die Vergebung für viele, also für alle, begründet; die Verbindung zwischen Gott und seinen Menschen hat darin ihre Grundlage. Das Befreiungswerk der Sündenvergebung stand bei ihm immer über dem Lebensweg Jesu. Nun, vor seinem Sterben, hebt er dieses Wort und Werk Jesu ausdrücklich wieder hervor. Schon in der Geburtsgeschichte – Sie werden sich erinnern – hatte der Engel des Herrn den Namen „Jesus“ als *JHWH ist Heil* erklärt., und es hieß dazu: *Denn er wird sein Volk retten von ihren Sünden*. Mit diesen so verstandenen Deuteworten – so scheint mir – wird der Feier etwas von Gelöstheit gegeben. Lebenslast ist weggenommen.

Sie, liebe Leserinnen und Leser, merken wohl, warum das Abendmahl im Leben der Kirche einen einzigartigen Platz einnimmt. Das „Liebesmahl“ (so sagt man manchmal) mit Christus, das Fest zu seinem Gedächtnis, umgibt die Liturgie einer großen Danksagung.

Vom Sakrament des Abendmahls geht eine Tiefenwirkung aus, egal ob es in der Einfachheit einer Dorfkirche oder in der üppigen Zelebrierung einer Kathedrale begangen wird. Der Begriff „Geheimnis“ ist für die Symbolkraft der Gaben und für den Vorgang im ganzen nicht unpassend, weil das, was da mitgeteilt wird, immer die eigene Vernunft übersteigen wird. Das Geheimnis des Mahles ist facettenreich. Wie reagieren Sie auf den Empfang von Brot und Wein? Mit Verehrung, in Mitleiden oder gar mit einem unbestimmten Schauder? Oder wird in Ihrer Gemeinde der Sinn des Sakraments ganz auf das Mahl gelegt, das Christus mit dem Brot des Lebens und dem Kelch des Heils gemeinschaftlich mit Ihnen feiert?

Beendet wird der Bericht von der Mahlfeier mit dem Ausdruck unerschütterter Überzeugung Jesu. *Ich sage euch: Ich werde von nun an nicht mehr von diesem Gewächs des Weinstocks trinken bis an den Tag, an dem ich von neuem davon trinken werde mit euch in meines Vaters Reich.* Die Momente des Mahles haben ihre endzeitliche Perspektive. Die besagt: Er und seine Jünger bleiben eins. So wird er mit ihnen im endgültigen Reich des Vaters (Matthäus liebte diese Formulierung) zusammen feiern können – wie oft hatte er die Vorstellung von der festlichen Zukunft aufgerufen. Jesus sieht die Vollendung vor sich – die eigene und die seiner Jüngerinnen und Jünger.

Es war kein Trauermahl, das er mit den Jüngern beging. Der an sich ambivalente Abend endet mit einem üblichen Hymnus. Über der Feier, die so abgründig verlief, liegt der Lobgesang. Die Gruppe macht sich auf zum Ölberg. Dort wartet Gethsemane.

Erlauben Sie noch einen längeren Exkurs. Was bedeutet eigentlich das ominöse Wort „Sünde“?

Das Wort hängt mit „Absonderung“ zusammen (hatten Sie das nicht im Konfirmandenunterricht?) – es meint nicht die kleinen oder größeren Verfehlungen („Schuld“, „Sünden“), sondern den Bruch, durch den die Gottesbeziehung zerbröckelt und Menschliches verloren geht. Sünde ist ein weniger schönes Erbstück der Menschheit. Es handelt sich dabei primär um einen religiösen Tatbestand, nicht um einen ethischen. Aber wie immer: Nicht zum ersten Mal vertreten Theologen die Auffassung, diesen Stolperstein alten christlichen Denkens beiseite räumen zu sollen. Zugegeben: Es gibt Fremdgewordenes im Christenglauben.

Mit ein paar Pflöcken versuche ich, das Feld des Problems zu markieren – meiner Meinung nach.

1. Die Menschenfrage nach dem Rätsel von Schuld ist uralt. Lebenserfahrungen wurden in den Religionen verankert.

2. In der jüdisch-christlichen Tradition geht es vor allem um die immer wieder offene Wunde in der Gottesbeziehung mit ihren praktischen Folgen. Wie finden die Kinder Adams und Evas Heilung, also Zufriedensein mit Gott und Menschen?

3. Zum Christentum gehört die Selbstprüfung: Wem verdanke ich mein Leben, wem bin ich verantwortlich? Die Antworten bestimmt heute weitgehend der Autonomiewille der Einzelnen. Sie verzichten cool auf Beziehungen zum Schöpfer und Erhalter.

4. So begegnet die christliche Menschenlehre einem Desinteresse, in dem der Tatbestand von „Sünde" keine Rolle mehr spielt. Jesus als Retter aus Selbstbestimmungsversuchen geht in die Vergessenheit.

5. Es würde unsere Realitäten verharmlosen, wenn Menschen mit sich selbst, mit ihrer Sünden-Verflochtenheit, allein fertig werden sollen.

XXI. In Todesangst

Jesus in Gethsemane, Kap. 26,36-46

*36 Da kam Jesus mit ihnen in einen Garten, der hieß
Gethsemane, und sprach zu den Jüngern: Setzt euch hier,
solange ich dorthin gehe und bete.
37 Und er nahm mit sich Petrus und die zwei Söhne des
Zebedäus und fing an zu trauern und zu zagen.
38 Da sprach Jesus zu ihnen: Meine Seele ist betrübt bis in
den Tod; bleibt hier und wacht mit mir!
39 Und er ging ein wenig weiter, fiel nieder auf sein Ange-
sicht und betete und sprach: Mein Vater, ist's möglich, so
gehe dieser Kelch an mir vorüber; doch nicht wie ich will,
sondern wie du willst!
40 Und er kam zu seinen Jüngern und fand sie schlafend und
sprach zu Petrus: Könnt ihr denn nicht eine Stunde mit mir
wachen?
41 Wachet und betet, dass ihr nicht in Anfechtung fallt! Der
Geist ist willig, aber das Fleisch ist schwach.
42 Zum zweiten Mal ging er wieder hin, betete und sprach:
Mein Vater, ist's nicht möglich, dass dieser Kelch an mir
vorüber gehe, ohne dass ich ihn trinke, so geschehe dein
Wille!
43 Und er ging hin und fand sie abermals schlafend, und
ihre Augen waren voller Schlaf.
44 Und er ließ sie und ging abermals hin und betete zum
dritten Mal und redete dieselben Worte.
45 Dann kam er zu seinen Jüngern und sprach zu ihnen: Ach,
wollt ihr weiter schlafen und ruhen? Siehe, die Stunde ist da,
dass der Menschensohn in die Hände der Sünder überant-
wortet wird.*

46 Steht auf, lasst uns gehen! Siehe, er ist da, der mich verrät.

Der Abschnitt nimmt in der christlichen Frömmigkeitsgeschichte einen hervorragenden Platz ein – katholisch wie evangelisch. Sie bietet für die Sinndeutung mehrere Themen an. Dies gilt besonders angesichts des synoptischen Gebrauchs auch dieser Passionsgeschichte. Alle vier Evangelien schmolzen zu einem Bild zusammen. Umso wichtiger ist die Einzelauslegung.

Der Text hat seine Quelle bei Markus und ist deutlich von Matthäus bearbeitet: literarisch klarer und theologisch erweitert. Er ist eng mit dem Vorhergehenden (Ankündigung der Nacht des Ärgernisses und der Verleugnung Petri) und dem Nachfolgenden (Jesu Gefangennahme) verknüpft.

Gethsemane heißt „Ölkelter", den es am Fuße des Ölbergs wohl gegeben hatte. Ob es ein Garten, ein Gut oder Ort war, ist unwichtig. Jesus bestimmt die Stunde, er will, wie er es oft getan hatte, beten und befiehlt (muss man sagen) den Jüngern zu warten. Doch diesmal will er nicht allein bleiben. Er nimmt Petrus und die zwei Brüder des Zebedäus mit sich. Leser kennen sie schon vom Anfang, seitdem Jesus sie vom Fischen abrief und zu seinen ersten Jüngern berufen hatte (Andreas taucht schon lange nicht mehr auf).

Und nun erleben die engsten Vertrauten – und wir Leserinnen und Leser bis heute – einen gänzlich fremden Jesus. Ihr Herr in Schwäche und Verzagtheit: *Meine Seele ist betrübt bis in den Tod* – das sagt er mit Worten aus dem Klagepsalm 42. Die Drei waren bei seiner „Verklärung" mit ihm, wo sie ihn göttlich verwandelt sahen, jetzt sehen sie ihn zitternd vor dem, was kommen wird. Da ist nur der Mensch, den die Situation überkommt und der Hilfe braucht. Er kann nicht allein sein: *Bleibt hier und wachet mit mir.* Mehrfach hatte er von seinem Schicksal geredet, jetzt packt ihn die Wirklichkeit, und er reagiert wie Menschen überall reagieren würden. Nüchtern erzählt es Matthäus. Dagegen berichtet Lukas von einem helfenden Engel und, dramatisch, dass während des Betens sein Schweiß wie *Blutstropfen* auf die Erde fällt.

Ein wenig abseits fällt er nieder; das tut der fromme Jude, wenn er mit Gott redet. Sein Gebet ist dringende Zwiesprache: *Mein Vater, ist's möglich ...* Kann das Sterbenmüssen, das Trinken des Kelchs (ein gebräuchliches Bildwort), nicht an ihm vorübergehen? Doch Jesus lässt sich nicht verzweifelt fallen. Seine Bitte hat einen Vorbehalt: Was immer sein wird, er überlässt sich dem Willen seines Vaters. *Wie du willst* – im Vaterunser hatte er „dein Wille geschehe° gelehrt.

Als er aufsteht und zurückgeht, schlafen die Drei. Sie haben ihn allein gelassen, Jesus wirft ihnen das vor. *Nicht eine Stunde* hatte die Solidarität der Jüngerschaft gehalten. Er mahnt zur Wachheit und zum Beten, weil in diesen Stunden die Versuchung groß sein wird. Der Satz vom guten Wollen und schwachem Vollbringen wird über dem Kommenden liegen. Als Sentenz ist er heutigentags alltäglich.

Ein zweites Beten. Jesus konnte innerlich einen Schritt weiter gehen: Für den Fall seines Todes unterwirft er sich dem göttlichen Plan – *so geschehe dein Wille*, noch einmal das Vaterunser, als solle hier Vorbildlichkeit betont werden.

Zum zweiten Mal findet er die Vertrauten schlafend – eine Situation ebenso komisch wie tragisch. Jetzt lässt er es zu und spricht ein drittes Mal mit dem Vater. Sicher wollte Matthäus den Lesern die Intensität vorstellen, mit der Jesus in der Krisensituation ringt.

Anschließend ist Jesus ganz Herr des Geschehens. Etwas seufzend weckt er die Drei, die wieder schlafen. Er hat den Kampf der Seele gewonnen, er kann den Weg bejahen, auf dem er ausgeliefert wird *in die Hände der Sünder*, Juden und Römer. *Die Stunde ist da*, der Kairos für den göttlichen Plan. Souverän gefasst kommt von ihm die Aufforderung wie ein Befehl: *Steht auf, lasst uns gehen! Siehe, er ist da, der mich verrät.*

Ein für die Frömmigkeitsgeschichte besonders aufschlussreicher Text, sagte ich. Er fügt dem Jesusbild neue Züge zu, und das Beispiel des betenden Jesus gibt den Gläubigen Stärkung. All die Formen, mit denen sich Menschen zu allen Zeiten den biblischen Text aneigneten – Passionstheater, Musik, Dichtung und die Bilder der Episode, Augenblicke des Schicksals, in harter Eindrücklichkeit gezeichnet – spielten dabei eine wesentliche Rolle. Sie waren Bekenntnis, Lehrmittel oder Quelle der gemeinschaftlichen, später individuellen Frömmigkeit und ließen das Geschehen mit Auge und Herz verstehen. Jede Ära gab der Szene am Ölberg ihre eigene Auslegung.

Die Alte Kirche schob die arme Menschlichkeit in den Hintergrund und betonte, von der Glaubensmitte her, die überlegene Göttlichkeit Jesu. Im Hochmittelalter, als das Individuelle sich emanzipierte, bekam man den Blick für Jesu Leiden und für andachtsvolles menschliches Mitleiden – eine völlig gewandelte Frömmigkeit. Die Reformation, beherrscht vom Erlösungsdienst des Herrn, pries den, der mit seinem Leiden von Sünden befreit (Matthäus wäre allerdings die Sündererlösung fremd vorgekommen). Bald blühte das Passionslied auf. Die Aufklärung bewunderte Jesus, den Leidensheld. Anfang des 20. Jahrhunderts wieder ein Wandel. Der vereinsamte Mensch steht vor der Gottverlassenheit, Gott schweigt im Dunkel der Weltnacht. – Welche Auslegungsvielfalt, sie vermischt sich gern miteinander.

Und heute? Was hören wir Zeitgenossen heraus? Was Ängste anrichten können, weiß man schon, abgrundtiefe Verlassenheit drückt zu Boden, Gefühle von Enttäuschung aller Glaubensversuche sind nicht unbekannt. Aber es wird schwer fallen, Jesu Frömmigkeit zu folgen. In Not einen Psalm beten, mit dem Vatergott reden, sich einem göttlichen Willen ergeben – wo ist schon Gott, und wer hat die spirituelle Übung, um mit Verzweiflung fertig zu werden?

Es werden Momente sein, in denen Einzelnes aus Gethsemane aufblitzt. Mit Gott zu reden, wäre eine Wendung über sich selbst hinaus. Man sieht, wie sich einer durchkämpft und sich einem höheren Willen ergibt. Schließlich der aufrechte Gang mit dem Wissen, dass man auf dem schweren Weg nicht allein ist. Die gesamte Szene trifft mich, mit Verlaub, persönlicher als die der Kreuzigung. Anfechtung, Gebet und Einwilligung, das Ineinander von Erschütterung und Gehaltenwerden kommt einem nahe, und von Jesus her leuchtet ein Beispiel auf, wie Lebensdunkelheiten bewältigt werden können.

Nehmen Sie, was Sie brauchen.

XXII. Jesus stirbt – Gottes Sohn liegt tot

Die Kreuzigung, Kap. 27,31-61

Der Weg zum Kreuz und die Kreuzigung

31 Und als sie ihn verspottet hatten, zogen sie ihm den Mantel aus und zogen ihm seine Kleider an und führten ihn ab, um ihn zu kreuzigen.
32 Und als sie hinausgingen, fanden sie einen Menschen aus Kyrene mit Namen Simon, den zwangen sie, dass er ihm sein Kreuz trug.
33 Und als sie an die Stätte kamen mit Namen Golgatha, das heißt Schädelstätte,
34 gaben sie ihm Wein zu trinken mit Galle vermischt; und als er's schmeckte, wollte er nicht trinken.
35 Als sie ihn aber gekreuzigt hatten, verteilten sie seine Kleider und warfen das Los darum.
36 Und sie saßen da und bewachten ihn.
37 Und oben über sein Haupt setzten sie eine Aufschrift mit der Ursache seines Todes: Dies ist Jesus, der Juden König.
38 Und da wurden zwei Räuber mit ihm gekreuzigt, einer zur Rechten und einer zur Linken.

Die Verspottung des Gottessohns

39 Die aber vorübergingen, lästerten ihn und schüttelten ihre Köpfe
40 und sprachen: Der du den Tempel abbrichst und baust ihn auf in drei Tagen, hilf dir selbst, wenn du Gottes Sohn bist, und steige herab vom Kreuz.
41 Desgleichen spotteten auch die Hohenpriester mit den Schriftgelehrten und Ältesten und sprachen:

42 Anderen hat er geholfen und kann sich selbst nicht helfen. Ist er der König von Israel, so steige er nun vom Kreuz herab. Dann wollen wir an ihn glauben.
43 Er hat Gott vertraut; der erlöse ihn nun, wenn er Gefallen an ihm hat; denn er hat gesagt: Ich bin Gottes Sohn.
44 Desgleichen schmähten ihn auch die Räuber, die mit ihm gekreuzigt waren.

Jesu Tod

45 Und von der sechsten Stunde an kam eine Finsternis über das ganze Land bis zur neunten Stunde.
46 Und um die neunte Stunde schrie Jesus laut: Eli, Eli, lama asabtani? Das heißt: Mein Gott, mein Gott, warum hast du mich verlassen?
47 Einige aber, die da standen, als sie das hörten, sprachen sie: Der ruft nach Elia.
48 Und sogleich lief einer von ihnen, nahm einen Schwamm und füllte ihn mit Essig und steckte ihn auf ein Rohr und gab ihm zu trinken.
49 Die andern aber sprachen: Halt, lass sehen, ob Elia kommt und ihm helfe!
50 Aber Jesus schrie abermals laut und verschied [gab den Geist auf].

Gottes Antwort

51 Und siehe, der Vorhang im Tempel zerriss in zwei Stücke von oben an bis unten aus.
52 Und die Erde erbebte, und die Felsen zerrissen, und die Gräber taten sich auf, und viele Leiber der entschlafenen Heiligen standen auf
53 und gingen aus den Gräbern nach seiner Auferstehung und kamen in die heilige Stadt und erschienen vielen.
54 Als aber der Hauptmann und die mit ihm Jesus bewachten das Erdbeben sahen und was da geschah, erschraken sie

sehr und sprachen: Wahrlich, dieser ist Gottes Sohn gewesen!

Die Frauen am Kreuz

55 Und es waren viele Frauen da, die von ferne zusahen; die waren Jesus aus Galiläa nachgefolgt und hatten ihm gedient,
56 unter ihnen waren Maria von Magdala und Maria, die Mutter des Jakobus und Josef, und die Mutter der Söhne des Zebedäus.

Die Grablegung Jesu

57 Am Abend kam ein reicher Mann aus Arimathäa, der hieß Josef und war auch ein Jünger Jesu.
58 Der ging zu Pilatus und bat um den Leib Jesu. Da befahl Pilatus, man sollte ihn ihm geben.
59 Und Josef nahm den Leib und wickelte ihn in ein reines Leinentuch
60 und legte ihn in sein eigenes neues Grab, das er in einen Felsen hatte hauen lassen, und wälzte einen großen Stein vor die Tür des Grabes und ging davon.
61 Es waren aber dort Maria von Magdala und die andere Maria, die saßen dem Grab gegenüber.

Am Vorabend geschah, was Jesus vorhersah: Verhaftung in Gethsemane, Verhandlung vor den Hohenpriestern. Dann wurde er Freitagmorgen als Gotteslästerer der Staatsmacht übergeben. Dort erfolgte die Anklage. Pontius Pilatus gab nicht ihn, sondern nach Willen des Volkes den Barabbas frei (Lukas: *Er war wegen Aufruhr und Totschlag gefangen!*), und überwies den Angeklagten zur Kreuzigung. Die Soldaten legten ihm einen Purpurmantel um, sie setzten ihm eine Dornenkrone auf. *Gegrüßet seist du, der Juden König*. Sie bespieen ihn. Dann wurde er zur Kreuzigung abgeführt. –

Die Stunden der Hinrichtung führen auf den Gipfel der Jesusgeschichte. Sechs letzte Stunden seines Lebens in sechs Abschnitten. Matthäus übernahm weitgehend die karge Markus-Überlieferung. Doch setzte er mit Kleinigkeiten Schwerpunkte. Lukas wusste im gegebenen Rahmen mehr zu erzählen. Bei ihm, auch bei Johannes, setzte das Interesse an Einzelheiten ein.

Die Kirchen feiern den Karfreitag als hohes Fest, an dem des Kreuzestodes und der Erlösung gedacht wird.

Sieben Worte am Kreuz sind aufgeschrieben: von Markus bzw. Matthäus nur der Warum-Schrei – von Lukas eine Vergebungsbitte für das Volk; die Zusage an den guten Schächer; vor dem Tod das Gebet Jesu zum Vater (er überliefert das anstößige *Eli, Eli*-Wort nicht mehr) – von Johannes die Anbefehlung an Maria und an den Jünger, den er lieb hatte; das Durstwort; vor dem Tod: *Es ist vollbracht*.

Wie wenig erfährt der Leser, nur einige Vorgänge sind aus dem Ganzen ausgeschnitten, ohne psychologische Reflexion, ohne betonte Dramatik. Aus den anderen Evangelien fließen beim Hören unwillkürlich deren Bilder ein, und in der Wirkungsgeschichte wird Neues liebevoll dazugesetzt werden. Um sich unbelastet dem Bericht bei Matthäus widmen zu können, sollten Sie versuchen, Ihre bildgefüllte Erinnerung zurückzustellen.

Schauen Sie sich also das matthäische Passionsbild an und konzentrieren Sie sich auf die Hauptperson. Der Verurteilte wird nach Golgatha gebracht, der „Schädelstätte" (das Gebiet der Grabeskirche ist heute gut erforscht). Simon aus Kyrene muss helfen, das Kreuz zu tragen. Jesus wird gekreuzigt. Von morgens früh bis zum Tod am Nachmittag hängt er am Leidensholz. Über seinem Kopf hatte der Statthalter ein Brett nageln lassen.

Die darauf geschriebene Ursache dieses Todes liest sich eher wahr als zynisch: *Dies ist Jesus, der Juden König* – INRI, *Iesus Nazarenus Rex Iudaeorum*. Zwei Räuber hängen rechts und links neben ihm – das Gefolge der Verachtung. Leidet er? Natürlich, anderes wäre undenkbar. Aber kein Wort davon. Jesu Befindlichkeit interessiert nicht. In diesen Stunden – ein schweigender Jesus. Nur zweierlei spricht für sich: Jesus steigt nicht vom Kreuz. Und es ertönt sein Schrei, nach sechs Stunden kurz vorm Tode die überlaute Stimme: *Eli, Eli, lama asabtani?* Aramäisch, wie Jesus gesprochen hatte, wurde sie aufbewahrt, ins Griechische übersetzt: *Mein Gott, mein Gott, warum hast du mich verlassen?* Das steht in Psalm 22, Vers 2.

Was ist über diesen Moment gerätselt worden! Wurde nur der erste Vers des Psalms gebetet? Wurde nur der Anfang des Psalms notiert, und Jesus sprach fromm das ganze Gebet, das im letzten Teil in einen Lobpreis mündet? Das würde das Gewicht der Verlassenheit, die die Szene bestimmt, aufheben. Modern Denkende meinen, dass Jesus am Schluss nicht anders konnte, als den göttlichen Vater mit der Warum-Frage anzuschreien. Unsere empfindlich gewordene Welt findet das naheliegend. So oder anders – der Schrei übertönt alles Verstehen, gerade weil er die grausame Tiefe des Geschicks fühlen lässt. Eins noch dazu: Jesus brach nicht mit dem Vater. Sein Du zu ihm hält die Verbundenheit aufrecht, wie immer sie zu deuten ist.

In der Mittagszeit, um die sechste Stunde, war eine Finsternis über das Land gefallen. Der Kosmos trauert mit. Und in dem Dunkel wieder Spott über Jesus, ein Essigtrank, dann noch ein großer Schrei, und – gegen drei Uhr – der Tod. *Jesus schrie abermals laut und verschied* – nicht mehr als das; ein kurzer Satz genügte der Überlieferung. Das zur Ursache und Deutung

Gehörige war alles im Vorwege gesagt worden. Reflexionen über ein stellvertretendes oder sühnendes Sterben wurden in der alten Überlieferung nicht angestellt.

Ein Vorleser würde hier eine lange Pause machen.

Ihnen, liebe Leserinnen und Lesern, wenn Sie den Karfreitag nachzuerleben suchen, wird vieles durch den Kopf gehen. Sie haben die Einsetzungsworte beim Abschiedsmahl, als Jesus seinen Tod als Gründung des Neuen Bundes deutete, noch in Erinnerung. Zwischen den Abschnitten des Evangeliums besteht ja ein sich ergänzender Zusammenhang. Der Sohn Gottes, der Retter aus Sünden, der universal bedeutsam für alle sein Leben gibt, der Freund der Armen, der scheinbar Ohnmächtige, der den letzten Feind überwinden muss – das tritt vors Auge, wenn Sie den Karfreitag nachzuerleben suchen.

Und wo ist der himmlische Vater? Keineswegs ist er fern. Unmittelbar auf den Todesbericht folgen – *und siehe* – die Hinweise auf seine Präsenz. Er greift in das Geschehen ein. Mit Jesu Tod zerreißt im Tempel ein Vorhang, der das Allerheiligste abgrenzte. Die Macht des Tempels soll zerstört sein, der alte Kultus aufgehoben. Es erhebt sich ein Grollen. Ein Erdbeben sprengt die Felsen auf, die Erde ist erschüttert. Eine kleine Auferstehung befreit Heilige aus ihren Gräbern – schwer deutbar ist der Vers. Ist es ein Zeitensprung in die Ära „nach Christi Sterben"? Ein Stück der Letzten Zeit zeigte sich – im Handeln des Vaters.

Und schließlich: Nach Spott und Hohn, nach der religiösen und kosmischen Erschütterung treten noch einmal die Soldaten mit ihrem Centurio auf. In dem ungeheuer Normalen einer Hinrichtung ein Aufleuchten der Wahrheit. Ein Ausruf mit dem Wort, das Matthäus so wichtig war, weil sich mit ihm alles entscheidet: Gottes Sohn. Die Vorbeilaufenden wie die herumstehende geistliche Elite hatten den Gekreuzigten mit dem hohen Titel verspottet. Fremde, Nicht-Juden, machten ihn zum Bekenntnis: *Wahrlich, dieser ist Gottes Sohn gewesen!* Man könnte verlegen lächeln: Nur eine einzige Stimme, die sich zu ihm stellt. Sie steht für die anbrechende Zukunft.

Um ihn herum die Helfer, der mit dem galligen Wein und der mit dem Essigschwamm (Longinus, sagt die Legende). Und die Leichenfledderer, die seinen letzten Besitz unter sich verlosen. Die Leidensverursacher, die Vorübergehenden, die ihn versuchen: *Steig herab vom Kreuz*. Die Hohenpriester mit den Schriftgelehrten und Ältesten, die Jesus nicht verstehen konnten: *Ist er der König von Israel, so steige er vom Kreuz herab, dann wollen wir ihm glauben* – in bitterer Ironie gehen sie mit der Wahrheit um. Selbst die Räuber lästern (anders als bei Lukas der gute Schächer). Keiner hat ihn verstanden. Jesus aber lässt sich nicht provozieren. Er steigt nicht herab. Er vollbringt im Gehorsam gegenüber seiner Sendung das, was wir als Erlösung der Welt verstehen.

Völlig allein war Jesus nicht. Der Kreuzigung sahen auch – nicht zu vergessen – viele Frauen zu, die ihm nachgefolgt waren und ihm (wohl auch den Jüngern oder dem Evangelium) dienten. Über die Männer bis jetzt kein Wort, auch seine Mutter Maria fehlt bei Matthäus. Die Namen der Bekannten sind in den Evangelien verschieden, in allen vieren wird einzig Maria von Magdala genannt, bei Matthäus kommen die zwei Mütter von Jüngern hinzu. Diese Notiz über die Frauen wirft ein spätes Licht auf alle Jesusgeschichten. Jüngerinnen werden immer mit Jesus gewesen sein.

Der Abend endet in erschöpfter Ruhe. Da ist ein reicher Mann, dessen Namen erwähnungswert gewesen sein muss. Josef von

Arimathäa, der einzige Jünger an diesem Tag – Matthäus nannte ihn einen Jünger Jesu. Dieser Josef, offenbar mit Beziehungen zu Pilatus, stellt seinen Grabplatz zur Verfügung und wickelt Jesus anständig in ein Leinentuch, als solle dem Toten schlussendlich die Ehre erwiesen werden. Er *wälzt einen großen Stein vor die Grabhöhle* (der bekommt am nächsten Morgen seine Bedeutung). Maria aus Magdala und eine andere Maria (wohl die Mutter des jüngeren Jakobus und Josef) sitzen dem Grab gegenüber. Zwei Frauen lassen den Toten nicht allein. In der Matthäuspassion singt der Chor ganz entspannt: „Mein Jesus, gute Nacht!“

„O große Not! Gotts Sohn liegt tot“, dichtete Johann Rist, Pastor in Wedel bei Hamburg, 1641. Das Ereignis war nie eindeutig zu verstehen gewesen: Nicht nur die jüdischen Schriftgelehrten waren es, die nicht mehr als ein totales Scheitern erkennen konnten. Ein Graffiti aus Rom aus dem ersten Jahrhundert karikierte Jesus mit einem Eselskopf. Konstantin machte das Kreuz zum Zeichen über sein siegreiches Heer. Bei Hermann Samuel Reimarus, Hamburger Gymnasialprofessor zu Beginn der Aufklärung, war Jesus an seinem Gott irre geworden. Heutzutage kommt es im Nebeneinander von liberaler und biblischer Theologie zu heftigen Auseinandersetzungen über den Sinn des Geschehens. Liberal Denkende möchten lieber nicht über Jesu Sterben für uns sprechen. Man meint, damals sei es zu einem blutigen Gewaltopfer gekommen, das der zornige Gott verlangt hätte. Er könne das nicht gewollt haben, Gott sei doch die unendliche Liebe. Andere aber verweisen auf die im Miteinander unersetzliche, schenkende Hingabe: ein Opfer, durch das Leben gerettet wird. Die Theologie kann mit gegensätzlichen Deutungsbemühungen irritieren.

Doch die Kunst (ähnlich die Liturgie) geht über derartige Diskussionen hinweg. Sie behält die Kraft zu direkter Vergegenwärtigung. Man kann mit Händen greifen, dass die intellektuelle Textinterpretation ihre Grenzen hat. Die Eigensprache der Künstler bringt für alle Sinne Tiefe und Erhabenheit nahe. Passionsspiele, die Choräle zum Mitsingen, Oratorien bis hin zu Penderecki, Pasolinis oder Mel Gibsons Matthäus-Filme, Karikaturen wie die eines George Grosz, und der in der Welt verteilte Schatz der Bilder. Was ist noch erwähnenswert, das über die Jahrhunderte den Sinn des Kreuzesgeschehens auszudrücken versucht hat? Nie zu übersehen: das Kreuz in unseren Kirchen – Zuspruch und Frage zugleich!

Johann Sebastian Bachs Matthäuspassion (die der junge jüdische Protestant Felix Mendelssohn Bartholdy erst wiederentdecken musste) hat die Wirkungsgeschichte des Ereignisses am eindrücklichsten bestimmt. Die Zwiesprache des biblischen Berichts mit Rezitativen, Arien und Chorälen führt unmittelbar zu einem Mitgefühl, aber im gleichen Moment fragt man sich selbst nach der eigenen Religion. Die Geschichte wird auf das persönliche Ich fokussiert. Das Kreuz spiegelt doppelt: ihn und mich, mich und Ihn. Die Seele erlebt sich in erschütternder Betroffenheit zwischen Schuld und Erlösung, und die sperrigen Barockarien stören nicht. Darüber hinweg erst wird man zum Beteiligten im Drama. Sie werden das erlebt haben. Denken Sie an das Rezitativ „Ach, Golgatha“ mit der Arie „Sehet, Jesus hat die Hand uns zum fassen ausgespannt“, worauf der Chor für sein „Wohin?“ und „Wo?“ die Antwort hören kann: „In Jesu Armen“. Oder denken Sie an Paul Gerhardts Choralstrophen – nach Jesu Tod: „Wenn ich einmal sollt scheiden, so scheide nicht von mir“. Da spürt die Seele die Macht des Geschehens.

XXIII. Österliche Weltweite

Jesu Auferstehung, Kap.28,1-10.16-20

Das leere Grab

Vorher steht der Bericht von der Einsetzung der Grabwächter samt der Versiegelung des Steins.

1 Und als der Sabbat vollendet war und der erste Tag der Woche anbrach, kamen Maria von Magdala und die andere Maria, um nach dem Grab zu sehen.

2 Und siehe, es geschah ein großes Erdbeben. Denn der Engel des Herrn kam vom Himmel herab, trat hinzu und wälzte den Stein weg und setzte sich darauf.

3 Seine Gestalt war wie der Blitz und sein Gewand weiß wie der Schnee.

4 Die Wachen aber erschraken aus Furcht vor ihm und wurden, als wären sie tot.

5 Aber der Engel sprach zu den Frauen: Fürchtet euch nicht! Ich weiß, dass ihr Jesus, den Gekreuzigten, sucht.

6 Er ist nicht hier, er ist auferstanden, wie er gesagt hat. Kommt her und seht die Stätte, wo er gelegen hat;

7 und geht eilends hin und sagt seinen Jüngern, dass er auferstanden ist von den Toten [wurde von den Toten auferweckt]. Und siehe, er wird vor euch hingehen nach Galiläa, da werdet ihr ihn sehen. Siehe, ich habe es euch gesagt.

8 Und sie gingen eilends weg vom Grab mit Furcht und großer Freude und liefen, um es seinen Jüngern zu verkündigen.

Die Erscheinung Jesu vor den Frauen

9 Und siehe, da begegnete ihnen Jesus und sprach: Seid gegrüßt [Freut euch]! Und sie traten zu ihm und umfassten seine Füße und fielen vor ihm nieder [huldigten ihm].

10 Da sprach Jesus zu ihnen: Fürchtet euch nicht! Geht hin und verkündet es meinen Brüdern, dass sie nach Galiläa gehen; dort werden sie mich sehen.

Es folgt 11-16 der Betrug, der Leichnam sei gestohlen worden.

Der Missionsauftrag des Herrn der Welt für alle Völker

16 Aber die elf Jünger gingen nach Galiläa auf den Berg, wohin Jesus sie beschieden hatte.

17 Und als sie ihn sahen, fielen sie vor ihm nieder; einige aber zweifelten.

18 Und Jesus trat herzu und sprach zu ihnen: Mir ist gegeben alle Gewalt im Himmel und auf Erden.

19 Darum gehet hin und machet zu Jüngern alle Völker: Taufet sie auf den Namen des Vaters und des Sohnes und des heiligen Geistes

20 und lehret sie halten alles, was ich euch befohlen habe. Und siehe, ich bin bei euch alle Tage bis an der Welt Ende [bis zur Vollendung des Äons].

Matthäus gab zum Abschluss seines Buches noch einmal einen Beweis für seine theologische Fähigkeit. Er folgte der knappen Markus-Darstellung, organisierte aber die Auferstehungsgeschichte um und schloss, anders als Lukas und Johannes, nicht mit weiteren Geschichten. Von der Himmelfahrt ist keine Rede. Mit einem Problem hat er sich auseinanderzusetzen: Wie ist die Realität der Auferweckung zu vermitteln? Vonseiten der Synagoge wird sie massiv bestritten. Die Frage zwingt bis heute zu Klärungsversuchen.

Leserinnen und Leser werden wieder verwirrt sein durch die verschiedenen Berichte in den Evangelien. Heute wird jedem Evangelisten das Recht für seine Darstellung gegeben. Schwer

Zusammenpassendes oder Erweiterungen sprechen eigene Absichten aus.

Das Oster-Evangelium von der Auferweckung und der Auftrag Jesu Christi für die Zukunft – damit endet die Jesusgeschichte des Matthäus. Jesus ging ein in eine andere Seinsweise. Ein unglaublich Neues, das Zeit und Raum übersteigt. Wie wird die so eigentümliche Wirklichkeit dargestellt?

Die Frauen spielen dabei die tragende Rolle. Wie am Ende des Karfreitags sind es Maria Magdalena und die Mutter der Zebedäussöhne. Am dritten Tag – so hatte Jesus seine Auferweckung vorausgesagt – gehen sie wieder zum Grabe. (In jüdischem Brauch wird der begonnene Tag mitgezählt; der dritte ist dort also der erste Wochentag, unser Sonntag.) Ein Erdbeben leitet das Folgende ein, wie schon am Karfreitag wird es als göttliche Erscheinung verstanden. Ein Bote kommt vom Himmel, eine apokalyptische Gestalt. *Sein Aussehen war wie der Blitz und sein Gewand weiß wie Schnee.* Das lässt die Wächter ohnmächtig werden, nachher können sie ihren Oberen nur das bloße Herabkommen des Engels vermelden. Der Engel aber tritt herzu, wälzt den Stein weg – um der Auferstehung den Weg zu öffnen? –, und sieghaft setzt er sich darauf.

Dieser Engel des Herrn hat das Neue mitzuteilen. Seine ersten Worte sollen den Frauen die Furcht nehmen. Dann verkündet er seine Botschaft, es ist das Osterevangelium. *Er ist nicht hier; er ist auferstanden, wie er gesagt hat!* So die gängige Übersetzung, die den Voraussagen folgt. Die andere: „Er wurde auferweckt“, ist profilierter, weil sie die einmalige Tat Gottes anklingen lässt. Der Vater in Schöpfungskraft und Sohnesliebe holt seinen Sohn aus der Tiefe des Todes. Jesus, der diesen Endpunkt seines Wirkens den Jüngern vorher angekündigt hatte, bekräftigt jetzt die Auferweckung. Vor allem aber wird damit gesagt, dass nicht einem Engel oder möglicherweise überforderten Frauen geglaubt werden muss, sondern allein Jesus selbst. Die Jesusbeziehung ist die Grundlage des Glaubens an den Immer-Lebendigen.

Wie aber ist dem Zweifel zu begegnen? Angezweifelt wurde das Geschehen von Anfang an, der intellektuelle Einwand westlichen Geistes hat das massiv bestärkt, wohingegen in den Ostkirchen ungebrochen die Freude über Jesu Sieg herrscht: *Christos anéste!* Ein Argument wird dem Einspruch der Hohenpriester entgegengesetzt: Das leere Grab. *Kommt her und seht die Stätte, wo er gelegen hat.* Aber bringt das des Rätsels Lösung? Die Aufforderung, die Gruft leer zu sehen, mutet wie der Versuch an, sich einer Objektivierung zu versichern, die es für das Geheimnis des Glaubens kaum geben kann. Das leere Grab ist kein Faktum. Ob die Frauen in die Gruft hineingingen und etwas sehen konnten, ist nicht gesagt.

Zur Engelsbotschaft gehört der Auftrag, den die Frauen bekommen. Ihnen ist Unglaubliches geschehen. *Mit Furcht und großer Freude* werden sie die ersten sein, die das Evangelium weitertragen. Ihr zitterndes Verhalten werden alle teilen, die sich je dem Ereignis aussetzen. Was geschah, können weder die Frauen noch zukünftige Generationen einschätzen.

Die Engelsbotschaft ist zu verkünden, und die Jünger erfahren davon dann als nächste. Sie werden auf den Weg nach Galiläa gewiesen. Denn *da werdet ihr ihn sehen,* heißt es für die Jünger. In Galiläa – was hängt für sie alles an dieser Gegend! Wo sie den Herrn zuerst trafen, wird er ihnen in neuer Gestalt erscheinen.

Irgendwo auf dem Wege treffen die Frauen den Auferstandenen. Seine Erscheinung bestätigt die Engelsbotschaft. Er grüßt: *Freut euch.* Sie huldigen ihm. Er nimmt ihnen die Furcht, die das Göttliche ausgelöst hat, und wiederholt den Auftrag, den sie vom Engel bekamen. *Geht hin und verkündet es meinen Brüdern.* „Brüder“ sagt er – das wirkt wie eine Geste der Vergebung. Mit keinem Wort geht Jesus auf ihr Verhalten am Freitag ein. Auch hier: *Geht nach Galiläa, dort werden sie mich sehen.* Für die Frauen gibt es keinen weiteren Verkündigungsauftrag, sie werden dort nicht dabei sein.

Ein Zwischenstück berichtet von der Bestechung der Wache durch die Hohenpriester und dem Rat. Die Geschichte vom gestohlenen Leichnam entsteht.

Dann der Schlusspunkt des Werkes. Matthäus hatte auf weitere Geschichten, wie sie Lukas und Johannes erzählen, verzichtet. Anstelle der Himmelfahrt steht bei ihm ein Vermächtnis, das in die Zukunft reicht. Der Text war von Matthäus komponiert und im Geiste Jesu geschrieben.

Es kommt zu der Begegnung. Die elf Jünger sind da, sie gehen auf den Berg. Die Leser kennen den Sinn solcher Ortsangabe. Angefangen mit dem Berg Sinai bis zu dem der Verklärung Jesu – auf Bergen geschieht Offenbarung. Wie bei den Frauen reagieren auch die Jünger geteilt. Die einen huldigen dem Verwandelten und doch Gleichen durch Niederfallen; *einige aber zweifelten.* Dass das Ereignis Schwankungen auslöste, scheint Matthäus erwähnenswert. Früher hatte er vom Kleinglauben der Jünger gesprochen.

Nun tritt Jesus auf sie zu, spricht mit ihnen, und seine letzten Worte sind sein letzter Wille. Was zeichnet sie aus? Sprachlich fällt auf, dass das Wörtchen „alle/alles“ viermal gebraucht wird. Umfassend soll das Folgende verstanden werden. Eröffnet wird es mit einer hoheitlich verkündeten Machterklärung. *Mir ist gegeben alle Gewalt im Himmel und auf Erden.* Das sagt der eben Gekreuzigte, der, den Jüngerinnen und Jünger am

Donnerstag noch in niedriger Menschlichkeit erlebt hatten. Das umreißt die Vollmacht, die ihm von nun an gegeben ist (die Formulierung im Passiv verhüllt das göttliche Handeln). Jeder soll wissen, wem das Weltregiment übergeben wurde. Jesus Christus hat alles in seiner Hand. Wunderbar: Göttlichkeit bekommt das Gesicht Jesu Christi.

Ein *Darum* beschreibt die Konsequenzen. Sie betreffen den Jüngerkreis, denn der soll jetzt den Auftrag übernehmen, der sein bisheriges Wirken bestimmt hatte. Wie Jesus seine Jünger schon in seiner irdischen Zeit zur Mission in Israel beauftragt hatte, sendet er sie jetzt wieder aus – diesmal auf einen Weg ohne Grenzen: *Machet zu Jüngern alle Völker*.

Die christliche Religion wirkt hinein in die Verhältnisse der Welt. Das ist bis heute gültig. Die junge Kirche trat damit in Konkurrenz zur jüdischen Praxis, Nichtjuden zum Übertritt zu gewinnen. Die Aufforderung, zum Judentum zu konvertieren, war im hellenistischen Raum recht erfolgreich. Viele, besonders Frauen, wurden „Proselyten“ (Hinzukommer). Sie folgten dem Ruf zum Monotheismus, zur jüdischen Ethik und der Hoffnung auf Auferstehung.

Der „Missionsbefehl“ ist auf einen Punkt zu bringen: Bildet Gemeinden, überall. (Matthäus dachte an die Gesamtkirche, das ist für ihn das Vermächtnis Jesu.) Erstaunlich ist, dass die noch unbedeutende Gruppe eine derart universale Aufgabe übernimmt. Sie muss sich gegenüber dem Judentum stark gefühlt haben. Seit Paulus hatte es für das Werben für Jesus Christus Vorbilder gegeben; das Christentum war im Begriff, Weltweite zu gewinnen.

Matthäus konkretisierte den Sendungsauftrag. An erste Stelle setzt er die geistliche Eingliederung neuer Jüngerinnen und Jünger. Dafür steht der sogenannte Taufbefehl. *Taufet sie auf den Namen des Vaters und des Sohnes und des heiligen Geistes.* Im Namen der Dreieinigkeit getauft zu werden, heißt, Gott als Schöpfer, Erlöser und gegenwärtig Begleitender für sein Leben anzunehmen. Getauft zu sein, heißt, zu ihm zu gehören. Die trinitarische Formel hatte sich schon auf Grund des Textes von Jesu Taufe ergeben.

Nicht weniger wichtig ist das zweite: *Und lehret sie halten alles, was ich euch befohlen habe*. Das zeigt das matthäische Kirchenverständnis. „Lehren, was Jesus befohlen hat“, meint – jüdisch verstanden – Bleiben in seiner Schule. „Halten lernen“ heißt konkret geprägte, wachsende Bildung. Die Christuslehre festhalten, ist Programm für die Zukunft. Der kurze Satz beschreibt noch einmal, was der früher verkündete Kirchenbau erfordert (16,8). Er war für Matthäus typisch, dem es um christliche Lebenspraxis ging. Die Bindung an den irdischen Jesus wollte Matthäus keinesfalls aufgegeben sehen. Denn der Auferstandene ist kein anderer geworden.

Mit einem unvergesslichen Satz setzte Matthäus den Schlusspunkt, ausdrücklich und feierlich: *Und siehe, ich bin bei euch alle Tage bis an der Welt Ende*. Den Jüngern wie der Welt wird diese Versicherung gegeben. Er fasste damit Anfang und Ende des Buches zusammen. Erinnern Sie sich noch? Im ersten Kapitel war diese geistliche Wirklichkeit schon angesprochen. Dort wurde dem Kind der Name *Immanuel* gegeben, *Gott mit uns*. Jetzt übernimmt der Auferstandene die Stelle von JHWH, jetzt gilt sein *Ich-bin-bei-euch*. Gott in Jesus Christus, das ist der christliche Glaube – eine Zusage, welche die Existenz der Kirche umschließt, das Leben der Gemeinde und den Glauben jedes und jeder Einzelnen. Er wird bei seinen oft bedrängten Jüngern und Jüngerinnen leben, seine fragilen Gemeinden zusammenhalten, seiner oft schwankenden Kirche Mut machen. Was er zusagt, ist ein nie aufzuhebendes Mitsein.

Diesen Abschluss des Evangeliums sollten wir als Summe verstehen. Wie in einer Nussschale haben Sie einiges von Christuslehre, Kirchengeschichte und christlicher Ethik zusammen. In Jesu Vermächtnis steckt die konzentrierte praktische Theologie des Matthäus. Sie haben eine Menge davon kennen gelernt – in den Worten, den Taten und dem Verhalten des Mannes aus Galiläa. Die Titel, die ihm gegeben wurden – unzutreffend waren sie doch nicht, oder? Die Kirchengründung auf dem Felsen Petri sehen Evangelische von dessen Bekenntnis her, und der Taufbefehl im Vermächtnis zeigt eine der Welt zugewandte Kirche. Auf die Verpflichtung zum Handeln hat Matthäus uns oft gestoßen. Das alles war Theologie, die von Erfahrungen erzählte, die mit dem Gott Jesu gemacht wurden und die wir selbst machen können. Das war und bleibt die Absicht dieses Evangelisten.

Die Jesusgeschichte insgesamt wird eine Verheißungsgeschichte bleiben.

XXIV. Was sagte uns Matthäus?

Matthäus im Zusammenhang und über Monate hinaus zu lesen, hieß, ständig einen Begleiter in der Nähe zu haben, mit ihm Bekanntes zu vertiefen und Entdecktes zu diskutieren. Zustimmung und Befremdung, das war nicht schnell auszugleichen.

Verstehen tut gut

Wir haben den ersten der vier Evangelisten intensiver kennen gelernt. Seine Verbindung zur Botschaft Jesu, seine literarische Kraft bei der Neukomponierung der Jesusgeschichte und seine Theologie in der Aktualisierung für seine Gemeinde zu erkennen – das war hochinteressant. Allerdings ging es nur, wenn den Texten forschend zugehört wurde. Fremde Vorstellungen verlangten Offenheit. Die matthäische Fassung des Evangeliums wurde zu einer beträchtlichen Bereicherung.

Dass sein Text die damaligen Zeitumstände widerspiegelt, hatte ich früher unbewertet gelassen. Ich hatte gelernt, dass „nur die Schrift“ Geltung habe. Nun war die Hand eines Redaktors zu erkennen, der „das Evangelium“ aktualisiert hatte, zwei Generationen nach Jesu Tod. Das Evangelium wurde nicht buchstabengetreu, sondern in Sinntreue, das heißt: in geistiger Freiheit weitergegeben. Ich denke, Matthäus könnte uns beim Bibelgebrauch helfen, treu zur Überlieferung, aber gleichzeitig frei, die Jesusbotschaft unseren Verhältnissen gemäß weiterzudenken.

Zwei aus einer Wurzel

Matthäus hatte nie seine jüdische Herkunft verleugnet. Und genau deswegen unterstrich er oft, dass das Evangelium nichts anderes sei als Fortführung und Vollendung der Heilsgeschichte Israels. Doch darüber hinaus: Sein Jesuswissen erlaubte ihm, die Christusgemeinde zu erweitern und Nicht-Juden hineinzuholen. Es sind besonders wichtige Stellen im Evangelium, wo die nationale und rassische Grenze überschritten wird und wo sich die Weltweite des Christentums zeigt.

Nun liegt da ein Problem, das von Bibellesern Aufmerksamkeit fordert. Jesus, der die tödliche Ablehnung seines Volkes erfuhr, hatte mit düsteren Drohungen reagiert.

Matthäus war noch zwei Generationen später in diesem „Familienstreit“ mit der jüdischen Mehrheit verwickelt (das hat ihn in der modernen Theologie unbeliebt gemacht) – es war ein innerjüdischer, keineswegs antijüdischer Konflikt. Erst die Großkirche gebrauchte die Ablehnung antijüdisch, was zu massivem Antisemitismus führte. Jesu Verhalten selbst, die völkische Judenfeindschaft und die theologische und politische Reaktion des Judentums führten zum Gegensatz zwischen Judentum und Christentum, und der ist noch immer nicht völlig überwunden. Die Kirchen haben nach dem Krieg ihre Verantwortung zur Neuorientierung erkannt. Es ist gut, dass zum „älteren Bruder“ viele Verbindungen entstanden, um gemeinsam das Erbe der Gottesgeschichte wirken zu lassen.

Zusammenhalt

Mich hat beeindruckt, wie Matthäus als Autor Gemeindepastor war. Im Studierzimmer zu sitzen, ging gar nicht, weil schon Jesus seine Botschaft einer Gruppe hinterlassen hatte. Matthäus musste seinen Leuten theologisch und seelsorgerlich behilflich sein.

Ideal aber kann man die Matthäusgemeinde nicht nennen. Matthäus hat uns gezeigt, dass er es mit einer in sich nicht besonders starken Kirche zu tun hatte. Das Bild der Jüngerschaft zeigte „Kleinglauben“, mangelnde Solidarität – bis hin zum Verrat. Er hatte viel zu mahnen. Umso wichtiger war ihm, Vergebung zu praktizieren und so die menschlichen Schwächen aufzufangen, und das nicht als „billige Gnade“. Nutzen wir das eigentlich in seinem Sinn für unser Zusammenleben?

Geschwisterlich sollte sich Zusammengehörigkeit bilden, die das kommende Reich verkündet. Jesu Weisungen waren radikal. Sie sind auf Möglichkeiten für neues Verstehen zu prüfen. Wie gelingt es, biblische Weisungen in unsere individualisierte, aber dennoch gemeinsame Kirche zu übersetzen? Im Religiösen wie auch in der Ethik kommt es unvermeidbar zu einem Ja und Nein hin und her. Die Frage liegt nahe: Ist Einheit der Verschiedenen noch möglich, und wer sorgt dafür?

Den Wesenskern des Glaubens erfassen

Wenn wir Matthäus zuhörten, hatten wir nicht nur über den Graben des Zeitabstandes die Brücke zu bauen. Es hat sich ja viel in der Gottesbeziehung geändert, auch verflüchtigt. Jeder Christ hat seinen Glauben, seinen Kleinglauben und seine Glaubenskritik. Es ist die religiöse Mündigkeit, die versucht, „den Wesenskern des Glaubens im eigenen individuellen Leben zu entfalten“ (die Formulierung gefiel mir). Im Übrigen wurde uns bewusst, dass die Gemeinde nicht mehr unser alleiniges Kommunikationsfeld sein kann. „Draußen“, bei Überkonfessionellen, Nur-Religiösen oder bekennenden Atheisten, eröffnen sich neue Chancen, die eigene Überzeugung zu verorten.

Wir werden die Grundstruktur, die das Matthäus-Evangelium durchzieht, nicht vergessen. Bei ihm gilt das „Gottesbild“ von Vater, Sohn und Heiligem Geist. Diese Potenzen umschreiben ein trialogisches Verhältnis in Gott selbst und nach außen – hier die Vaterbeziehung, da die Jesusbotschaft und dort die Geistgegenwart. Ach, wir sollten nicht nur technisch und ökonomisch, sondern auch theologisch denken können.

Die soziale Antwort

Auffällig war uns, dass eine soziale Frage (sie wird natürlich erst im 19. Jahrhundert gestellt) oft in den Vordergrund gerückt war. Die Armen, die übersehenen „Kleinen", die Kinder, die Kranken und Behinderten, die Letzten – bei ihnen leuchtete das Messianische besonders hell auf. Nicht nur, dass ihnen geholfen werden sollte – solch Liebesdienst war im Judentum selbstverständlich. Jesus aber gibt ihnen die Würde zurück, sie sind die Ersten, denen Gottes Gerechtigkeit zukommt. Matthäus übernahm das ausdrücklich. *Selig sind die Armen ...* setzte er nicht zufällig an die Spitze der Seligpreisungen.

Diese Solidarität nach unten – sichtbares Zeichen für das anbrechende Gottesreich – hat die christliche Ethik bestimmt. In der Massengesellschaft suchen Diakonie und Caritas samt aktuellen Hilfskampagnen die Not zu bewältigen. Gruppen und Einzelne tun, wozu ihr Glaube sie bewegt. Doch einen Stachel im Fleisch der ortsüblichen Bürgerlichkeit hat Matthäus hinterlassen.

Kirche hat Zukunft

Wichtig wurde uns die Stelle gegen Ende des Evangeliums, die die Lebensgestalt der Kirche umreißt, dies: *Machet zu Jüngern alle Völker*. Wir hörten daraus: Sammelt überall Frauen und Männer, um Zellen und Kirchen zu gründen, wo Menschen die frohe Botschaft finden können. Offenbar ist der Auftrag im Westen erfüllt und in Afrika und Asien angekommen, offenbar scheint die Säkularisierung aber den Westen entkräftet zu haben. Wir fanden noch nicht das Rezept, diesen Prozess aufzuhalten bzw. umzukehren.

Eine Vision war der Gemeinde hinterlassen: Das Reich Gottes wird weltumspannend Vollendung finden. In dieses Zukunftsbild gehört die endgültige Durchsetzung der Gerechtigkeit.

Jünger und Jüngerinnen sollen sich dafür bereithalten; die Zukünftigkeit bestimmt die Gegenwart. Das ist ein Glaubensimpuls, der weiter trägt und nie zu vergessen ist.

Haben wir verstanden?

Ende eines Vorhabens. Wir hatten es nicht nur mit Matthäus und der Bibel zu tun, sondern immer auch mit uns selbst. Haben Sie zu Matthäus ein Verhältnis gewonnen? Sind Sie in der Selbstverantwortung Ihres Glaubens bestärkt worden?

Ich habe Ihnen dreiundzwanzig Abschnitte der Jesusgeschichte erzählt – mit der Hoffnung, dass Sie bei Klängen oder Dissonanzen aufhorchen und bei Interpretationen Ihre Kenntnisse erweitern lassen. Wenn Ihnen ein Stück Bibel verständlich geworden ist, hätten Matthäus und ich ein Erfolgserlebnis. Sie, liebe Leserin, lieber Leser, wissen jedenfalls, was zum Bibelverstehen gehört: Bewusst (laut) lesen, den Text in seiner Situation verstehen und ihn dann in den Moment eigener Gegenwart hinüberbringen. Übrigens: Am besten geht das, wenn zwei oder drei zusammensitzen. –

Danke, dass Sie meiner Einladung folgten und mitgekommen sind!

Ihr Peter Stolt

Benutzte Literatur (in zeitlicher Erscheinungsfolge)

Günther Bornkamm/Gerhard Barth/Heinz Joachim Held, Überlieferung und Auslegung im Matthäusevangelium, Neukirchen-Vluyn 1959, 5. durchgesehene Aufl. 1968.

Darin: *Bornkamm*, Enderwartung und Kirche im Matthäusevangelium – *Bornkamm*, Die Sturmstillung im Matthäusevangelium – *Barth*, Das Gesetzesverständnis des Evangelisten Matthäus – *Held*, Matthäus als Interpret der Wundergeschichten – *Bornkamm*, Der Auferstandene und der Irdische, Mt. 28,16-20.

Ingo Broer, Freiheit vom Gesetz und Radikalisierung des Gesetzes. Ein Beitrag zur Theologie des Evangelisten Matthäus (Stuttgarter Bibelstudien, Bd. 98), Stuttgart 1980.

Eduard Schweizer, Das Evangelium nach Matthäus (NTD 2), Göttingen 1981.

Walter Schmithals, Evangelien – synoptisch. 5.3. Das Matthäus-Evangelium. In: TRE X, Berlin 1982.

Georg Strecker, Die Bergpredigt. Ein exegetischer Kommentar, Göttingen 1984.

Ulrich Luz, Das Evangelium nach Matthäus (Evangelisch-katholischer Kommentar zum Neuen Testament), Bd. 1, Teile 1-4, 1985ff, Teil 1, 5. Aufl., Neukirchen-Vluyn/Düsseldorf 2002.

Joachim Gnilka, Das Matthäusevangelium (Herders theologischer Kommentar, Bd. 1), Freiburg 1988.

Josef Ernst, Matthäus. Ein theologisches Portrait, Düsseldorf 1989.

Ulrich Luz, Die Jesusgeschichte des Matthäus, Neukirchen-Vluyn 1993.

Ulrich Luz, Der Antijudaismus im Matthäusevangelium als historisches und theologisches Problem. In: EvTh 53 (1993).

Ulrich Luz, Was heißt „Sola Scriptura" heute. Ein Hilferuf für das protestantische Schriftprinzip. In: EvTh 57 (1997).

Ulrich Luz, Matthäus und Q. In: Von Jesus zum Christus. Christologische Studien, FS Paul Hoffmann, Berlin 1998.

Eckhard Rau, Jesus – Freund von Zöllnern und Sündern. Eine methodenkritische Untersuchung, Stuttgart 2000.

Gerd Theissen und Annette Merz, Der historische Jesus, Göttingen (1996), 3. Aufl. 2001.

Rainer Kampling (Hg.), „Dies ist das Buch ..." Das Matthäusevangelium. Interpretation – Rezeption – Rezeptionsgeschichte, FS H. Frankemölle, Paderborn 2004.

Peter Cornehl, Der Evangelische Gottesdienst – Biblische Kontur und neuzeitliche Wirklichkeit. Bd. 1, Theologischer Rahmen und Biblische Grundlagen, Stuttgart 2006.

Ulrich Luz, Geschichte und Wahrheit im Matthäusevangelium. Das Problem der narrativen Fiktionen. In: EvTh 69 (2009).

Petra von Gemünden, David G. Horell und Max Küchler (Hg.), Jesus – Gestalt und Gestaltungen. Rezeptionen des Galiläers in Wissenschaft, Kirche und Gesellschaft, FS Gerd Theissen (Novum Testamentum et Orbis Antiquus/Studien zur Umwelt des Neuen Testaments, Bd. 100), Göttingen 2013.

Darin: *Catherine Hezser*, The Jesus Movement as a „Popular" Judaism for the Unlearned – *Ulrich Luz*, Die Geburtsgeschichten Jesu und die Geschichte – *Halvor Moxnes*, When did Jesus become a Galilean? Revisiting the Historiucal Jesus debate of the Nineteenth Century – *Daniel Marguerat*, Historical Jesus and Christ of faith: a relevant dichotomy? – *Martin Ebner*, Der Exorzismus Jesu als Testfall für die historische Rückfrage.

Eckhard Rau, Perspektiven des Lebens Jesu. Plädoyer für die Anknüpfung an eine schwierige Forschungssituation. Herausgegeben und erweitert von Silke Petersen, Stuttgart 2013.